少林秘传绝技丛书（二）

少林秘功韦陀劲

邓方华　编著

人民体育出版社

图书在版编目（CIP）数据

少林秘功韦陀劲 / 邓方华编著. --北京：人民体育出版社，2021
（少林秘传绝技丛书. 二）
ISBN 978-7-5009-5899-4

Ⅰ. ①少… Ⅱ. ①邓… Ⅲ. ①少林武术-基本知识 Ⅳ. ①G852

中国版本图书馆 CIP 数据核字（2020）第222008号

*
人民体育出版社出版发行
国铁印务有限公司印刷
新 华 书 店 经 销
*
880 × 1230 32 开本 8.5 印张 177 千字
2021 年 6 月第 1 版 2021 年 6 月第 1 次印刷
印数：1—2,500 册
*
ISBN 978-7-5009-5899-4
定价：34.00 元

社址：北京市东城区体育馆路 8 号（天坛公园东门）
电话：67151482（发行部） 邮编：100061
传真：67151483 邮购：67118491
网址：www.sportspublish.cn
（购买本社图书，如遇有缺损页可与邮购部联系）

参编人员

高　翔　　丁亚丽　　高　飞

郭成敏　　高　绅　　李梦瑶

总 序

2017年1月25日，中共中央办公厅、国务院办公厅印发了《关于实施中华优秀传统文化传承发展工程的意见》（以下简称《意见》），并发出通知，要求各地区各部门结合实际认真贯彻落实，体现了党和政府对中华优秀传统文化的重视。

在国民教育方面，《意见》提出：加强中华优秀传统文化相关学科建设，重视保护和发展具有重要文化价值和传承意义的“绝学”、冷门学科。在保护传承文化遗产方面，《意见》提出：推动民族传统体育项目的整理研究和保护传承。

中华武术有着几千年的发展历史，是中华民族在社会实践中创造的宝贵财富，是中华文化的重要组成部分。少林武术作为中华传统武术的优秀代表，其秘传绝技与武学秘籍一直是武术爱好者竞相学习和研究的对象。目前在国家的重视下，少林武术发展形势良好，但也存在可供学习的少林武术书籍相对较少的问题，因此，需要对少林武术的相关技艺进行整理出版，使中华武术进一步发扬光大。

《少林秘传绝技丛书》应运而生。本系列丛书依据“健康第一”的教育理念和“便于传承与发展”的要求，邀请有关专家参与编写，披露了少林武术的多种秘法绝艺。先期出版的有《少林点穴绝技》《少林擒拿绝技》《少林擒跌绝技》《少林短打绝技》《少林腿法绝技》《少林古传擒拿与点穴》《少林古传技击术》《少林八段锦古传秘功》《少林易筋经古传秘功》等12本，第二辑包含《少林秘传童子功》《少林古传养生法》《少林秘传五禽功》等9本。这套丛书既可作为武术爱好者学习研究的参考用书，也可作为各级各类武术教员的教学用书。

本系列丛书注重图文并茂，避免抽象化和纯理论化，意在提高现代武术爱好者的学习兴趣；立足于理论联系实际，突出学以致用要则；力求简洁明晰，便于阅读，便于练习。当然，不足之处在所难免，欢迎读者批评指正，以利今后进一步充实与完善。

内容提要

1. 韦陀，佛教护法正神。韦陀门冠名“韦陀”，寓意练武强身，匡扶正义。此门非常讲究功夫，有“韦陀诸劲，少林真功”之誉。

2. 韦陀韧劲功，主练“韧劲”，寓意“柔韧”，以“韧”为要，是非常优秀的韦陀门练劲之功。韦陀韧劲功共有三大练法，韧劲功十二势、 韧劲功十四势、韧劲功十八势，异曲同工，各有妙用。

3. 韦陀绵劲功，主练“绵劲”，寓意“绵柔”，以“绵”为要。此功不求武力，劲法内敛；徐缓温和，运动量小；动作简单，容易练习，是韦陀门秘传的养生功珍品。

4. 韦陀硬劲功，主练“硬劲”，寓意“刚硬”，以“硬”为要。此功练法独特，系统全面，主要练习拳、脚等部位的硬度、强度与力量，进一步求得“大力”，提高技击的发力与抗打能力。

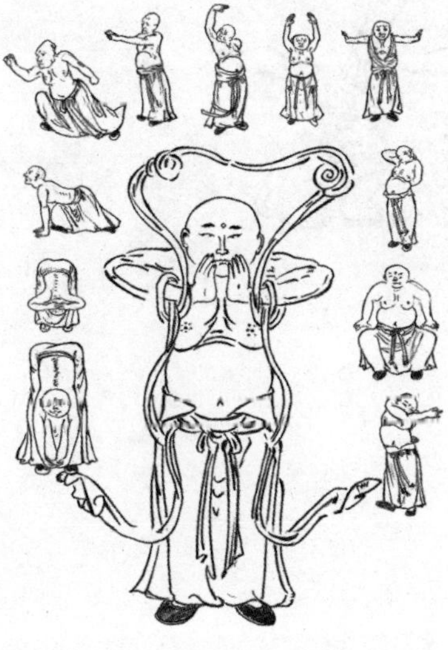

5. 韦陀韧劲功与现世流传较广的“达摩易筋经”渊源很深，练法相仿，功效相近，有兴趣者请多加研究。

6. 韦陀门位列少林古传四大名门之一，历史悠久，但因传承保守，日渐式微，所以挖掘整理，势在必行。本书专门介绍其秘传劲功，谨供读者参考。

目 录

第一章

韦陀韧劲功十二势

韦陀，佛教护法正神。韦陀门冠名“韦陀”，寓意练武强身，匡扶正义。韦陀门位列少林古传四大名门（达摩、韦陀、金刚、罗汉）之一，历史悠久，影响深远。韦陀门非常讲究功夫，有“韦陀诸劲，少林真功”之誉。

韧劲功，顾名思义，主练“韧劲”，寓意“柔韧”，以“韧”为要，是非常优秀的韦陀门练劲之功。

韦陀韧劲功十二势，动作不多，容易自学；桩形简单，多练上肢；劲法内敛，柔韧有力。练时配合调息，内外合一；以静寓动，动静相宜。练之既可提神益气，舒筋活络，祛病疗疾，强身健体；又可壮筋坚骨，增气强力，充实内劲，有助技击。

韦陀韧劲功与“达摩易筋经”渊源很深，练法相仿，功效相近，有兴趣者请多加研究，本章对此不多涉及。

一、韦陀献杵

【练法】

1. 两脚并步，正身直立；两掌垂于体侧；头顶项竖，呼吸自然。（图1–1）

2. 左脚向左横开一步，两脚间距与肩同宽；同时，两掌外旋屈肘，掌心向上成仰掌，如托重物，用内劲缓缓上托至胸侧，挺胸收腹。定势后，深吸气，两肘后挺，蓄力待发。（图1–2）

图1–1

图1–2

3. 两掌内旋前伸，与肩同宽同高，掌心相对，指尖向前，用顶力缓缓前推至肘直，力达指端。（图1–3）

图1–3

图1–3附图

4. 两掌屈肘外旋，掌心向上成仰掌，用内劲缓缓收至胸侧，两肘后挺内夹；挺胸收腹，头顶项直。（图1–4）

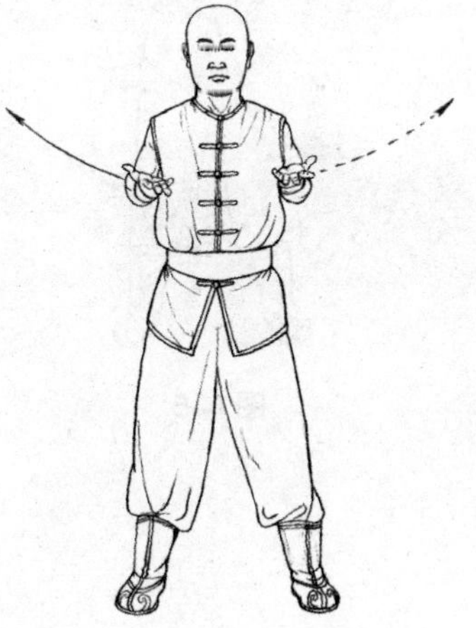

图1–4

二、横担金杵

【练法】

1. 承接上势，两掌左右伸开，指尖向外，掌心向上，用顶力缓缓侧推至肘直，力达指端，高与肩平。（图1–5）

2. 两掌屈肘内收，用内劲缓缓收至胸前，指尖相对，掌心向上；挺胸收腹，头顶项直。（图1–6）

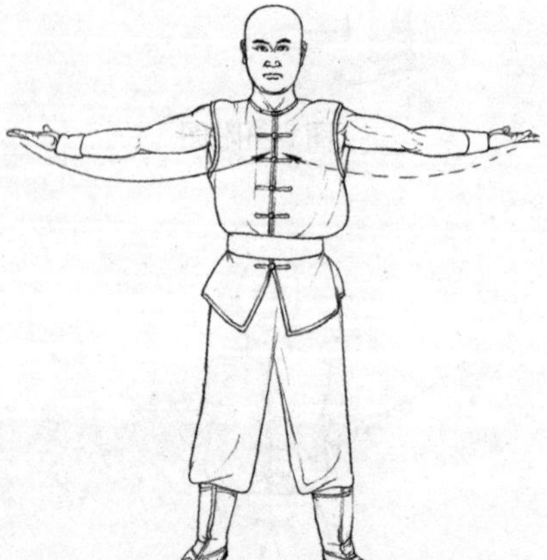

图1–5

图1–6

三、掌托天门

【练法】

1. 两掌用托力缓缓上举，举于耳侧时，掌根外展，指尖向里，掌心向上。（图1–7）

2. 两掌向上用顶力推至肘直，如托举重物状，指尖相对，含颌。（图1–8）

图1–7

图1–8

3. 两掌外旋屈肘，掌心相对，指尖向上，用内劲缓缓下落，至胸前时，左右分开，成仰掌收至胸侧。（图1–9）

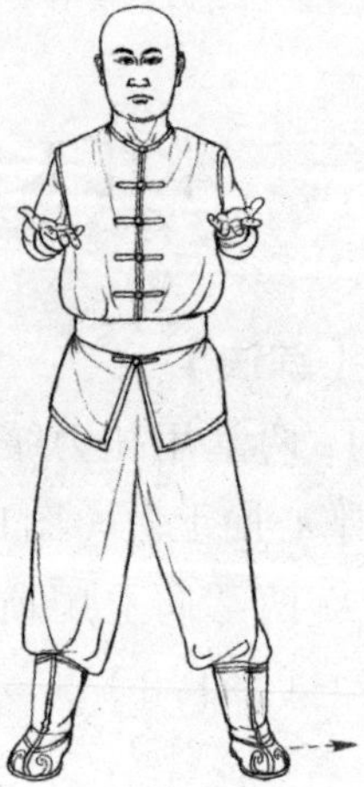

图1–9

四、出爪亮翅

【练法】

1. 承接上势，左脚向左横开一步，两脚间距约为自己三脚宽，脚趾抓地；两掌端于胸侧不变。（图1–10）

图1–10

2．两掌内旋前伸，用顶力缓缓向前推出，边推边旋至肘直，指尖相对，虎口向下，掌心向前，高与肩平；同时，两腿屈膝半蹲成马步。（图1–11）

3．两掌外旋，虎口向上，掌心相对，指尖向前成直掌。（图1–12）

图1–11

图1–12

4．两掌用内劲缓缓屈肘收回，至胸前时掌心转向上，成仰掌收至胸侧；同时，两腿渐渐伸直，脚趾抓地，头顶项直，挺胸塌腰，收腹敛臀。（图1–13）

图1–13

五、青龙探爪

【练法】

1. 承接上势，两掌在胸前立掌交叉，腕部相靠，右掌在外。（图1–14）

图1–14

2. 两腕相交用顶力缓缓前推至肘直，力达掌根，指尖向上，掌心向前，腕高平肩。（图1–15）

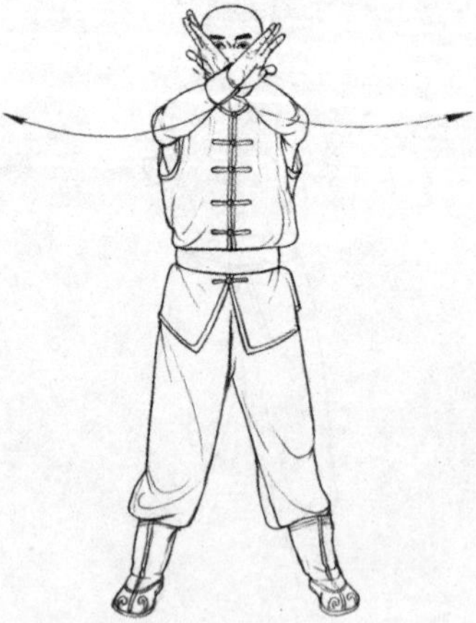

图1–15

图1–15附图

3. 两掌用内劲缓缓向左右分开，两肘伸直，腕高平肩，指尖向上，掌心向外；头顶项直，挺胸收腹。（图1–16）

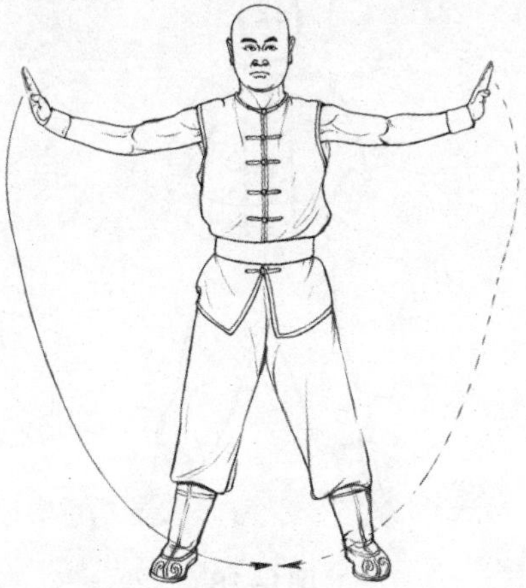

图1–16

4. 上体徐徐前俯；同时，两掌如抱物状，两臂向下用合力缓缓抄抱，两掌背贴于两脚内侧地面，指尖相对，掌心向上；两膝挺直，脚掌踏实。日视双掌。（图1–17）

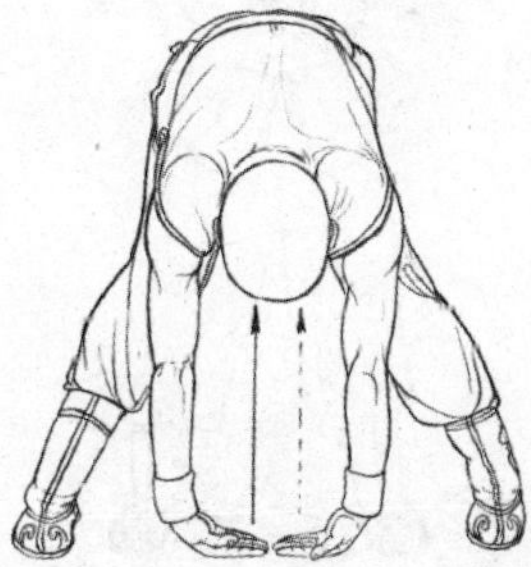

图1–17

5. 上体徐徐抬起，头正项直，挺胸收腹；同时，两掌提至腹前，指尖相对，掌心向上。（图1–18）

图1–18

6. 两掌沿腹前用内劲缓缓上托，至胸前时左右分开，收至胸侧，掌心向上，指尖向前。（图1–19）

图1–19

六、金鹏展翅

【练法】

1. 承接上势，左脚内收半步，两脚间距与肩同宽，伸腿直立，挺胸收腹；两掌向前平肩伸出，指尖向前，掌心向上，用顶力缓缓前推至肘直。（图1-20）

2. 左臂内旋，左掌向右移，横臂于胸前；右掌向左移，横臂于腹前，左上右下，两臂间距约10厘米，左掌心向下对右肘，右掌心向上对左肘。（图1-21）

图1-20

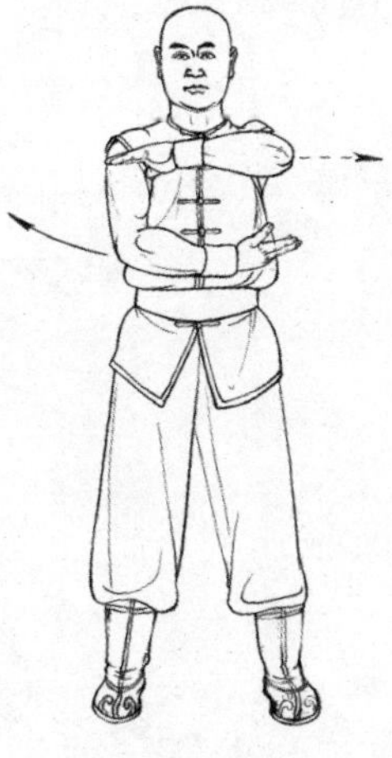

图1-21

3. 两臂用内劲缓缓向左右拉开，至两掌指尖相对于胸前。（图1–22）

图1–22

4. 上体左转约90°；同时，两臂左旋直肘向两侧分开，右掌在前，高与肩平，掌心向上；左掌在后，高与腰平，掌心向下。（图1–23）

图1–23

5. 上体右转约90°，面向正前方；同时，两臂屈肘，用合力向里缓缓揽拢，两臂横于胸、腹前，右上左下，右掌心对左肘，左掌心对右肘。（图1–24）

图1–24

6. 两臂用内劲缓缓向左右拉开，至两掌指尖相对于胸前。（图1–25）

图1–25

7. 上体右转约90°；同时，两臂右旋直肘向两侧分开，左掌在前，高与肩平，掌心向上；右掌在后，高与腰平，掌心向下。（图1–26）

图1–26

8. 身体左转约90°，两臂伸直，平托于肩前，掌心向上。（图1–27）

图1–27

9. 两臂屈肘，两掌用内劲缓缓收至胸侧，掌心向上；头正项直，挺胸收腹。（图1-28）

图1-28

七、金狮抱球

【练法】

1. 承接上势，左掌内旋前伸，仰掌变立掌，用顶力缓缓向前推出至臂直，力达掌根，腕高与肩平；右掌不变。目视左掌。（图1-29）

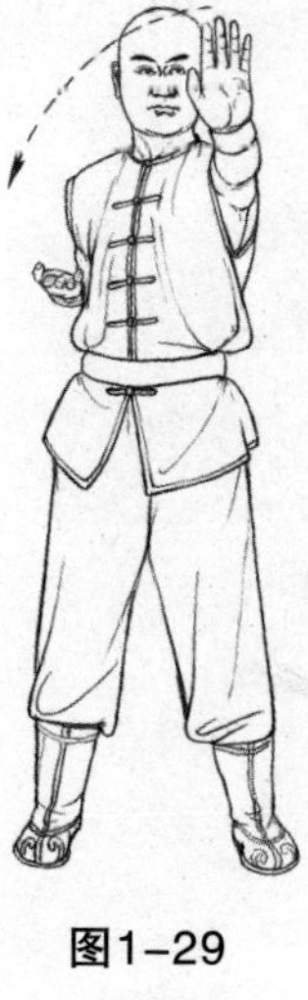
图1-29

图1-29附图

2. 左掌伸腕屈肘，掌心向下，用内劲缓缓向右水平划向右肩前，与右掌劳宫穴相对，间距约10厘米，成抱球状。（图1-30）

图1-30

3. 两掌在右侧前，左臂外旋，右臂内旋，同时互相绕转半周，变右掌在上、左掌在下，两掌心相对。（图1-31）

图1-31

4. 右俯掌成立掌，用顶力缓缓向前推出，力达掌根，腕高与肩平；同时，左掌向左收至左胸侧，掌心向上。目视右掌。（图1–32）

图1–32

5. 右掌伸腕屈肘，掌心向下，用内劲缓缓向左水平划向左肩前，与左掌成抱球状。（图1–33）

图1–33

八、韦陀礼佛

【练法】

1. 承接上势，右掌外旋变仰掌，经胸前收至胸右侧；左脚向右脚内侧收拢，并步正身直立。（图1–34）

2. 两掌用力缓缓上举，举至头前时内旋，掌根外展，掌心向上，指尖相对，再向上用顶力上推，意想双掌如托重物。（图1–35）

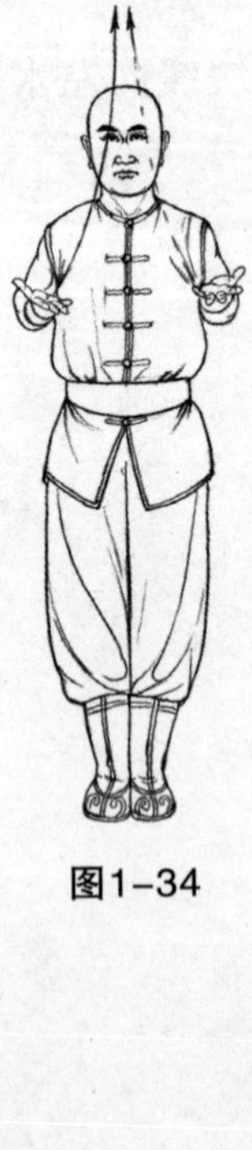

图1–34

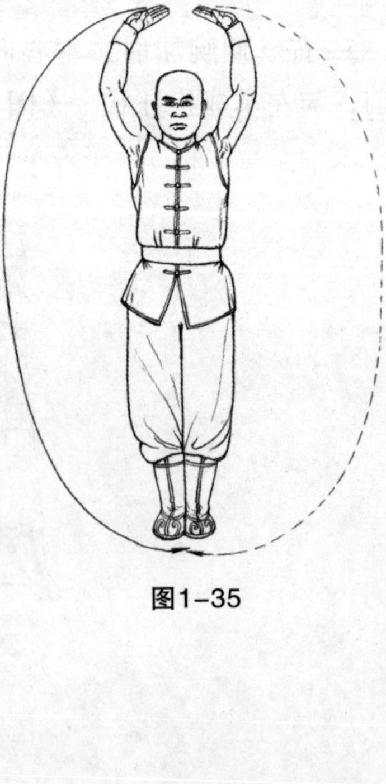

图1–35

3. 两掌用内劲向两侧缓缓左右下落，至与肩平时上体徐徐前俯；两掌继续下落，在脚前地面合拢相叠，右掌背贴在左掌心上；两膝挺直，脚趾抓地。目光下视。（图1-36）

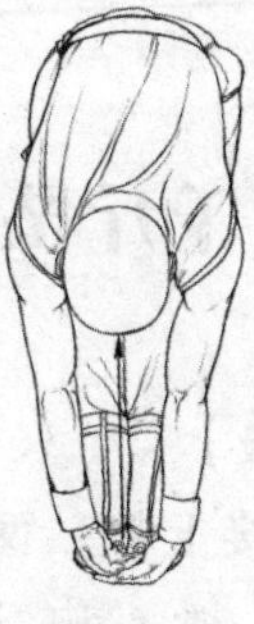

图1-36

4. 缓缓起身；同时，两掌相叠，用内劲缓缓上提至胸前。（图1-37）

5. 两掌分开收至胸侧，掌心向上，指尖向前。目视前方。（图1-38）

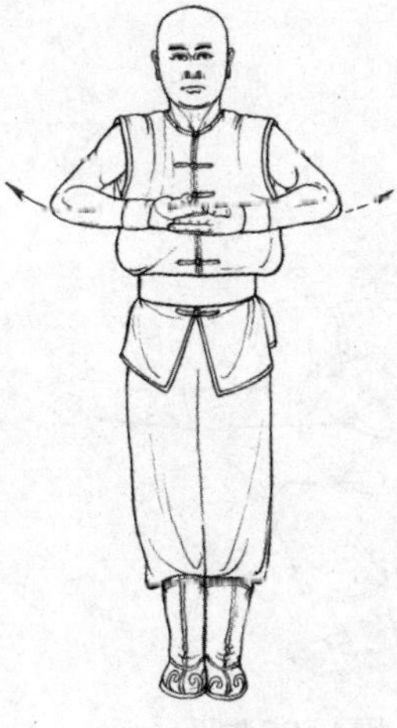

图1-37

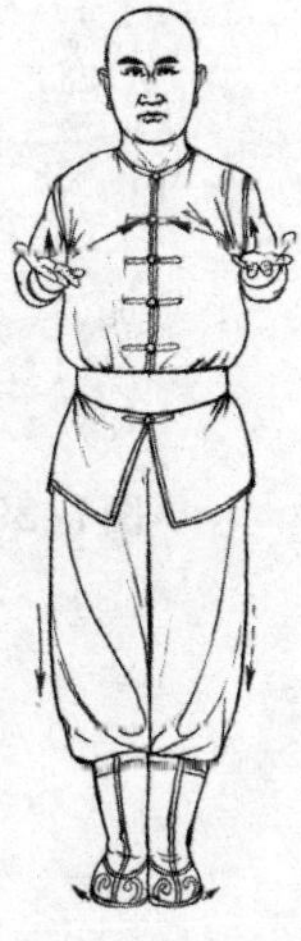

图1-38

九、千斤坠底

【练法】

1. 承接上势，两腿渐渐屈膝全蹲，脚掌踏实；同时，两掌内旋前伸，掌心相对，指尖向前，用顶劲缓缓前推至臂直，两掌相距约5厘米，高与肩平；上体尽量保持正直，气沉丹田。（图1–39）

图1–39

图1–39附图

2. 两腿渐渐挺膝直立，脚趾抓地。（图1–40）

图1–40

图1–40附图

3. 两掌屈肘外旋，缓缓收回，成仰掌贴靠胸侧；同时，左脚向左平跨一步，两脚间距与肩同宽。（图1–41）

图1–41

十、青龙摆阵

图1-42

【练法】

1. 承接上势，两臂前伸，两仰掌在胸前交叉，腕部相靠，指尖斜向上，掌心向里，左掌在里。（图1-42）

2. 两掌内旋用顶力缓缓向前推，腕高与肩平，掌棱向前，指尖斜向上。（图1-43）

图1-43

图1-43附图

3. 两掌外旋用内劲缓缓向左右分摆，掌心向上，高与肩平，指尖向外，挺胸收腹。（图1-44）

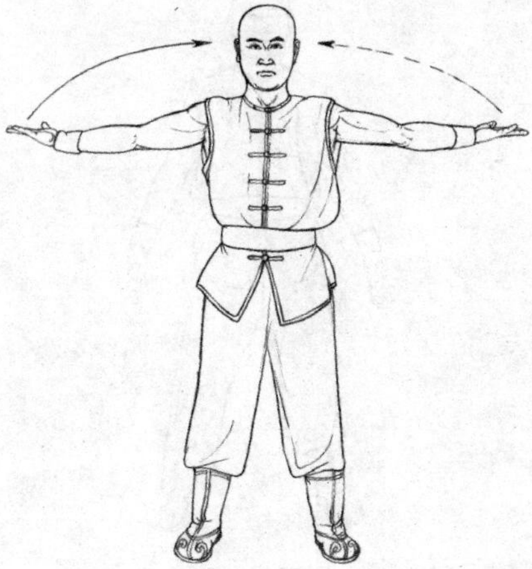

图1-44

4. 两臂屈肘，两掌用内劲缓缓向头部合拢，掌心对耳，指尖斜向上。（图1-45）

图1-45

5. 两掌用力缓缓向前、向下劈至臂直，落至胯外，力达掌根，指尖向下，掌心向里。（图1-46）

图1-46

6. 两臂向前屈肘，掌心向上，如托重物，用内劲缓缓上托，成仰掌后收贴靠胸侧；头正项直，挺胸收腹。（图1-47）

图1-47

十一、韦陀推山

【练法】

1. 承接上势，两掌不动；左脚向左迈出一大步，上体左转约90°，左腿屈膝半蹲，右腿挺膝蹬伸成左弓步。目视前方。（图1–48）

2. 两臂内旋前伸，虎口转向下，掌心向前，指尖相对，用顶力缓缓向前上推出至臂直；上体随势前俯，腰脊拔长，头向前钻；右腿蹬伸，以助其势。（图1–49）

图1–48

图1–49

3. 上体渐渐抬起，两臂外旋屈肘，掌心向上成仰掌，用内劲缓缓收至胸侧；随之，脚跟碾地，身体右转约180°，右腿屈膝半蹲，左腿挺膝蹬伸成右弓步，挺胸收腹。（图1-50）

图1-50

4. 两臂内旋前伸，虎口转向下，掌心向前，指尖相对，用顶力缓缓向前上推出至臂直；上体随势前俯，腰脊拔长，头向前钻；左腿蹬伸，以助其势。（图1-51）

图1-51

十二、气沉海底

【练法】

1. 承接上势，上体渐渐抬起，重心后移，身体左转约90°，右脚尖转正向前；重心再右移，左脚向右收回，脚尖向前，两脚间距与肩同宽；同时，两掌侧分，下落腹前，掌心向上，指尖相对。（图1-52）

图1-52

2. 两掌外划，徐徐向两侧分开，弧形上举至头顶，指尖相对，掌心向下。（图1–53）

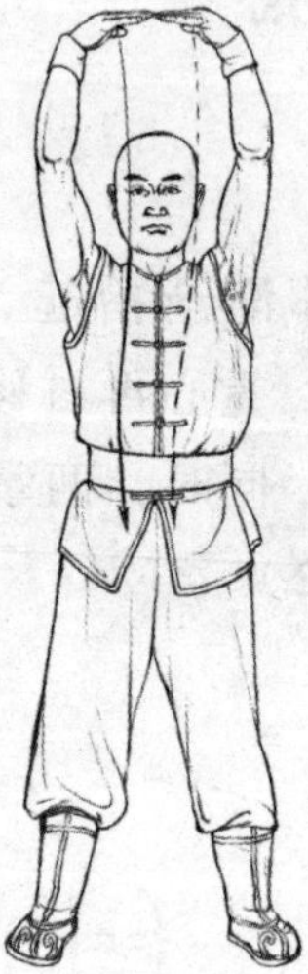

图1–53

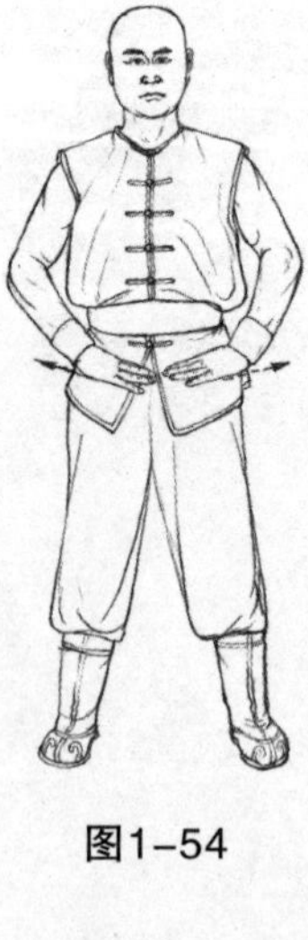

图1–54

3. 两掌下按至腹前，指尖相对；随两掌下按，身体各部节节放松直达脚底。（图1–54）

重复练习图1–52 ~ 图1–54动作数遍。

4. 然后，两掌左右分开，垂放体侧；全身放松，调匀呼吸。（图1–55）

图1–55

本势为全套收功之法，不要忽视，可调和形神，使精神饱满；可使气息平稳，不致散乱。

第二章

韦陀韧劲功十四势

韦陀韧劲功十四势与上一章所述的“韧劲功十二势”相比，不仅仅是其练法多了两势，而是另辟蹊径，独具妙用。

本功造型古朴，练法全面，抻筋拔骨，是韦陀劲的经典功法。练时形息相应，动中有静；柔中有刚，坚韧有力。练之可通脉活络，健脏壮腑；灵利肢节，增加韧劲；补益体能，提高功力。

一、韦陀担杵

【练法】

1. 两脚并步，正身直立；两掌垂放体侧；自然呼吸，静立片刻。（图2-1）

2. 两脚尖外摆，成“八”字形分开，两脚跟靠紧。（图2-2）

图2-1

图2-2

3. 两掌上收胸前，左掌心向上，指尖向里；右手“握固”放于左掌上，拳心向上；同时，两脚跟提起，前脚掌撑地，两膝直立；脊梁直竖，端头正项。（图2-3）

图2-3

4. 两掌（右拳变掌）向左右展臂分开，掌心向上，指尖向外，高与肩平。（图2-4）

图2-4

5. 两掌向前划弧，伸臂合掌，高与胸平，指尖向前，虎口向上。（图2-5）

图2-5

6. 两掌旋腕成指尖向上，高与鼻平，两臂成半弧形，状如拜佛；两前脚掌撑地不变。（图2-6）

图2-6

图2-6附图

7. 合掌屈臂折腕，指尖向里，肘臂抬平。（图2–7）

图2–7

8. 上身缓缓后仰，目光上视；合掌稍提。（图2–8）

图2–8

图2–8附图

图2-9

9. 两脚跟落地，上身缓缓顺势回转还原；两掌下移胸前。（图2-9）

二、韦陀挥杵

【练法】

1. 承接上势，两脚跟提起，前脚掌撑地；双掌缓缓分开，与两肩相齐，指尖斜向上，掌心向下，两肘尖微下沉。（图2-10）

图2-10

2. 两掌旋转，掌心向上，向前平肩伸出至臂直，指尖向前。（图2-11）

图2-11

3. 两掌里转，掌心相对，虎口向上，距同肩宽。（图2-12）

图2-12

4. 两掌相合，十指交叉相扣，掌心相贴。双臂前撑一次，两手握紧一次，练习数次。（图2–13）

图2–13

图2–13附图

5. 两前脚掌撑地不变；两掌叉指翻转，掌心向前，虎口向下。（图2–14）

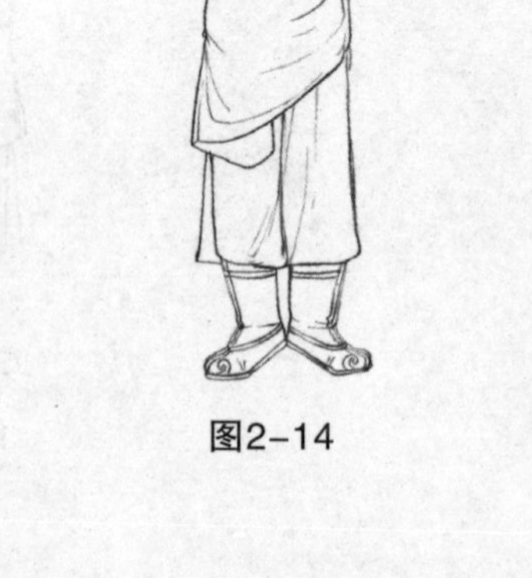

图2–14

6. 松开双掌，向左右推开，掌心向外，腕高与肩平，指尖向上。（图2-15）

图2-15

7. 两掌相撮成钩，钩尖向下，尽力向下勾腕一次。（图2-16）

图2-16

8. 全身放松，两脚跟落地，两脚掌仍成“八”字势；同时，两钩手下落收至腹前变掌，指尖相对，掌心向上。（图2-17）

图2-17

三、韦陀献杵

【练法】

1. 承接上势，两掌上提至胸前。（图2-18）

图2-18

2. 两掌内旋向上，提至耳侧，掌心斜向上，指尖向里，两肘尖外展。（图2-19）

图2-19

图2-20

3. 两脚跟提起；两掌向头顶上方托举至臂直，指尖向后。（图2-20）

4. 两掌旋转，掌心相贴合十，指尖向上；沉身，落脚跟。（图2–21）

5. 两掌十指相叉，翻转成掌心向上；两脚跟提起。（图2–22）

图2–21

图2–22

6. 两掌用力向上举托伸展；同时，仰面。练习数次。（图2-23）

7. 两脚跟落地，两脚掌仍成外“八”字势；同时，两掌松开十指，两臂松沉，变成指尖向后，掌心向上；正头颈。（图2-24）

图2-23

图2-24

8. 两掌向上撑托，屈臂，指尖相对；两脚跟提起；仰面上视。（图2-25）

连续练习图2-24、图2-25动作数次。

9. 正头颈；两掌扣指握拳，向外旋转伸开，两拳心相对，拳面向上，约与头平。（图2-26）

图2-25

图2-26

10. 两拳左右分落，收抱腰间；同时，落下脚跟，仍成外“八”字势。（图2–27）

图2–27

图2–28

四、摘星换斗

【练法】

1. 承接上势，右拳变掌，向左腹角外侧缓缓伸出，掌心向上。（图2–28）

2. 右掌旋转经左侧向上划弧举臂，至头顶上方，掌心向上；同时，左拳变掌，沿体侧下撑至左胯后侧，掌心向下，仰面上视；右掌上举、左掌下撑，以腰为轴，使上体缓缓左旋，转至极限。（图2-29）

图2-29

图2-29附图

3. 上体以腰为轴，缓缓右旋；左掌回至左大腿外侧，掌心向下，指尖向前；右掌举臂于右头侧上方，转腕成掌心向上，指尖向左。目视右掌。（图2-30）

4. 左掌经大腿前向右划弧，转掌向右侧上划，举臂于头顶上方；同时，右掌向右后划落，伸臂撑掌于大腿外后侧，掌心向下；上体向右。（图2-31）

图2-30

图2-31

5. 左掌上举、右掌下撑，以腰为轴，上体缓缓右旋，转至极限。（图2–32）

6. 上体以腰为轴，缓缓左旋至体向正面；右掌回至右大腿外侧，掌心向下，指尖向前；左掌举臂于左头侧上方，转腕成掌心向上，指尖向右。（图2–33）

图2–32

图2–33

图2-34

7. 左掌向左侧弧形下落，与右掌一齐收抱腹前，指尖相对，掌心向上。（图2-34）

五、倒拽走牛

【练法】

1. 承接上势，两掌上提胸前合十。（图2-35）

图2-35

2. 左脚向左侧方横跨一大步，上体右转，成右弓步；两掌合十不变。（图2–36）

图2–36

3. 左脚尖外展，右脚尖内扣，上体左转，成左弓步；同时，两掌分开握拳，左拳下划抬起于左上方，屈肘竖臂，拳心对鼻，拳面向上；右拳从胸前落下，转肘落于右大腿后侧方，拳面向下，拳心向后。（图2–37）

图2–37

4. 上身缓缓后仰，至面部朝天。目视左拳。（图2–38）

5. 上体缓缓前俯，至胸部贴近大腿。（图2–39）

图2–38

图2–39

按上述动作，一仰一俯练习数遍。

6. 两拳变掌，收于胸前合十，指尖向上。（图2–40）

图2–40

7. 右脚尖外展，左脚尖内扣，上体右转，成右弓步；同时，两掌分开握拳，右拳下划抬起于右上方，屈肘竖臂，拳心对鼻，拳面向上；左拳从胸前落下，转肘落于左大腿后侧，拳面向下，拳心向后。（图2-41）

图2-41

8. 上身缓缓后仰，至面部朝天。目视右拳。（图2-42）

9. 上体缓缓前俯，至胸部贴近大腿。（图2-43）

图2-42

图2-43

按上述动作，一仰一俯练习数遍。

10. 起身复原右弓步，右拳屈肘竖臂，左拳斜伸于后。与图2-41姿势一样。（图2-44）

图2-44

11. 上体左转约90°，面向正前方；左脚向右脚内侧收拢，成外“八”字步；同时，两拳变掌合十胸前。（图2-45）

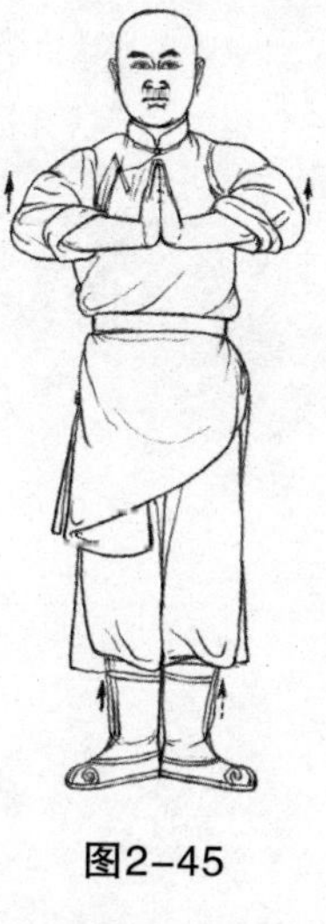

图2-45

六、出爪亮翅

【练法】

1. 承接上势，两掌合十不变；两脚跟提起，前脚掌撑地。（图2–46）

2. 两掌分开，收立肩前，掌心向前，指尖向上。（图2–47）

图2–46

图2–47

3. 两掌向正前方缓缓推出，至臂伸直，腕高与肩平，暗劲前撑。（图2-48）

图2-48

图2-48附图

然后两掌收至肩前，再向前推掌，反复练习数遍。

4. 两掌向里相互拍击，掌要击响，指尖向前，高与肩平。可反复拍击数次，也可一次即过。（图2-49）

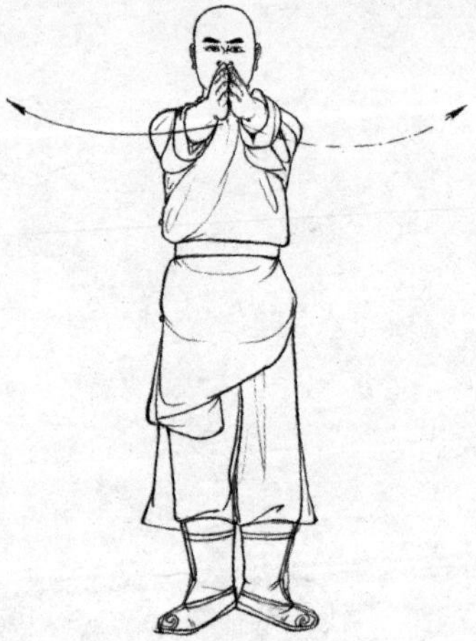

图2-49

图2-49附图

5. 两掌翻转，虎口向下，左右展臂，平肩分开。（图2-50）

图2-50

图2-51

6. 两掌旋转，扣指握拳，拳心向上，肘、腕微屈，暗劲有力。（图2-51）

7. 两拳屈肘收至肩前，拳心向下，拳眼对肩。（图2–52）

8. 两拳松指成掌，下按腹前，指尖相对，掌心向下。（图2–53）

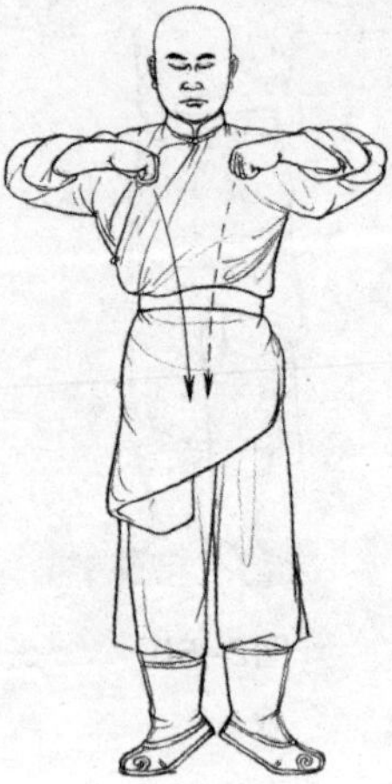

图2–52

图2–53

9. 两脚跟落地；两掌翻转，掌心向上，指尖相对，仍置腹前。（图2–54）

图2–54

七、韦陀望月

【练法】

1. 承接上势，左脚尖内扣，使脚尖向正前方，两脚跟相靠，成丁字步；左掌反贴腰后；右掌下垂右大腿前侧，指尖斜向下。（图2–55）

2. 右掌向右上划弧，高举过顶，指尖向左，掌心向上；双目注视右掌背。（图2–56）

图2–55

图2–56

3. 右掌向左屈臂下放，顺脑后绕转至左耳前侧，虎口向下，掌心贴耳孔，五指按住左脸颊。（图2-57）

图2-57

4. 右肘缓缓向左转，带动头部向左后转，目力尽量向左后视；同时，左掌尽量向背脊上方移动。（图2-58）

图2-58

图2-58附图

5. 右掌经后脑向右收至右耳下握拳。（图2–59）

6. 左掌经左侧向上收至左胸前变拳，拳心向下；右拳下移，两拳面相对，屈肘端臂。（图2–60）

图2–59

图2–60

7. 右臂屈肘右拉，右拳置于右肩前，拳背向上，拳眼对肩；同时，左拳变掌，坐腕立掌向左平推，腕高与肩平，指尖向上，掌心向左。两手右拉左撑，如开弓状；头随之左转。目视左掌。（图2–61）

图2–61

8. 右拳向左侧打出，拳背向上，拳面向左；左掌护于右臂内侧，指尖向上。目视右拳。（图2-62）

图2-62

9. 右拳收回右胸前，拳心向下；左掌向右按于左胸前成拳，拳心向下，两拳面相对。（图2-63）

图2-63

10. 然后，练习左势。与上述右势方向相反。（图2-64～图2-72）

左右反复练习。

图2-64

图2-65

图2-66

图2-67

图2-68

图2-69

图2-70

图2-71

图2-72

八、三盘落地

【练法】

1. 承接上势，左脚向左横开一步，两脚间距约与肩同宽；两拳变掌向左右平展，掌心向下，指尖向外。（图2–73）

2. 两腿屈膝下蹲，两脚跟提起；同时，沉腕、坠肘，两掌缓缓用力下按，至约与腰部同高。（图2–74）

图2–73

图2–74

3. 两掌翻转，掌心向上，上托至与胸平；同时，两膝略起。（图2–75）

4. 两掌翻转，掌心向下，再次下按；臀部下沉。两掌按于两膝外侧。（图2–76）

图2–75

图2–76

5. 两掌翻转，掌心向上，上托至与胸平；同时，两膝略起。（图2–77）

6. 两掌翻转，掌心向下，缓缓下按；臀部尽量下沉。两掌下按至与两脚踝外侧平。（图2–78）

图2–77

图2–78

7. 两掌翻转，掌心向上，上抬至与肩平；同时，两脚跟落地，伸腿立身。（图2-79）

8. 动作不停，两掌继续上举至头顶上方，最后合掌下落，合十于胸前。（图2-80）

9. 两掌根分开，指尖相对，落于腹前翻掌，掌心向上。（图2-81）

图2-79

图2-80

图2-81

九、青龙探爪

【练法】

1. 承接上势，左掌不变；右掌向右侧展，弧形上划至平肩时，屈肘内收至肩前，变成龙爪，爪尖向左。（图2–82）

2. 两脚跟提起；右爪经下颌向左肩外侧平伸。目随手动。（图2–83）

图2–82

图2–83

3. 挺膝；右爪随身体左前屈，爪心向下按至左脚外侧；同时，左掌向右上抱于右肩后。（图2-84）

4. 躯干由左前屈转至右前屈，并带动右爪前划至右脚前外侧。目视右爪。（图2-85）

图2-84

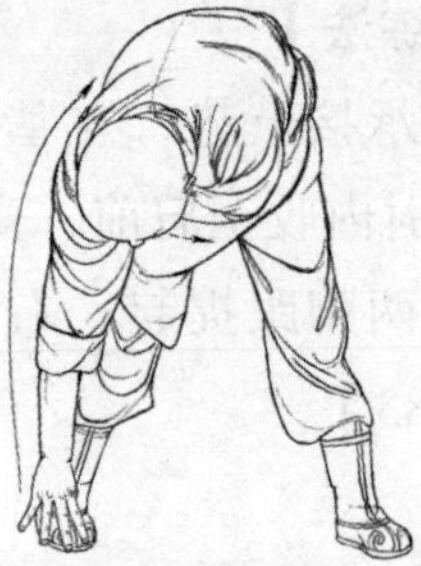

图2-85

5. 上体起立；右爪抓握成拳，收拉抱于右腰际，拳心向上；同时，左掌松抱，下收腹前，掌心向上，指尖向右。（图2-86）

图2-86

6. 右拳变掌，下移至腹前，掌心向上，指尖向左；同时，左掌向左侧展，弧形上划，至平肩时屈肘内收，变成龙爪，指尖向右。（图2–87）

7. 两脚跟提起；左爪经下颌向右肩外侧平伸。目随手动。（图2–88）

图2–87

图2–88

8. 两脚跟落地，挺膝；左爪随身体右前屈，爪心向下按至右脚外侧；同时，右掌向左上抱于左肩后。（图2-89）

9. 躯干由右前屈转至左前屈，并带动左爪前划至左脚外侧，指尖向下。目视左爪。（图2-90）

图2-89

图2-90

10. 上体起立；左爪抓握成拳，收拉抱于左肋，拳心向上；同时，右掌变拳，收抱于右肋。（图2-91）

图2-91

11. 两脚跟提起，屈膝下蹲成马步，膝尖外展；同时，两拳变掌向正前伸出，十指张开，暗用撑劲，掌心向下，高与肩平。（图2-92）

图2-92

图2-92附图

12. 两掌向左右展臂分开，一字平肩，掌心向下。（图2-93）

13. 旋转两掌，使掌心向前，虎口向上。（图2-94）

图2-93

图2-94

14. 两掌向前划弧，屈肘收至胸前，指尖相对，掌心向上。（图2–95）

图2–95

15. 两脚跟落地，挺膝起身；同时，两掌翻转下按腹前，掌心向下，指尖相对。（图2–96）

16. 两掌旋转，掌心向上，指尖相对，仍抱腹前。（图2–97）

图2–96

图2–97

十、卧虎扑食

【练法】

1. 承接上势，右脚尖内扣，上体左转约90°；同时，两掌变虎爪收提至两腰间，爪心向上；左腿屈膝提起，高约与腹平。（图2–98）

2. 左脚向前跨落一大步，右腿挺膝蹬伸，左腿屈膝，成左弓步；同时，两爪向前推出，腕高与肩平，爪心向前。（图2–99）

图2–98

图2–99

3. 上身前俯，两爪下按至左脚两侧，两臂伸直。（图2–100）

4. 左脚后退于右脚内侧，两脚、两爪撑地，身体悬空。（图2–101）

图2–100

图2–101

5. 两爪推地用力，身体后收，臀部凸起。（图2–102）

6. 身体向前俯冲，继向前上移，昂头挺胸，沉腰收臀，两臂伸直。（图2–103）

图2–102

图2–103

7. 身体依次向后弧形收回，臀高头低。（图2-104）

图2-104

按图2-102、图2-103动作连续练习，次数自定。

8. 先收左脚至左爪内侧，继收右脚于右爪内侧之际，上体立身而起；两爪成掌，垂放体侧。（图2-105）

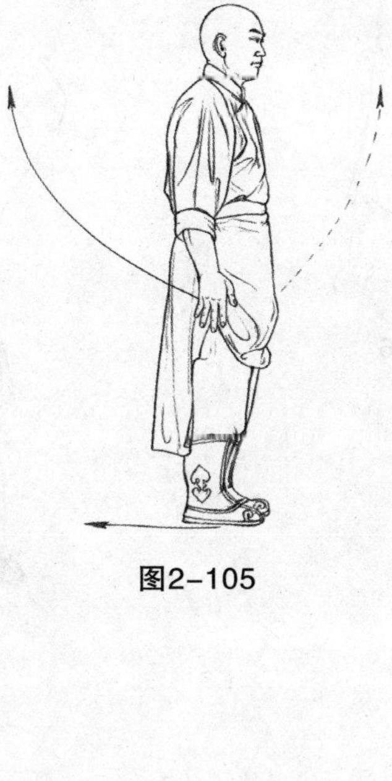

图2-105

十一、打躬折身

【练法】

1. 承接上势，右脚向右后侧退步，上体右转约90°，两脚间距略宽于肩；同时，两掌向左右伸展上抬，一字平肩，虎口向上，掌心向前。（图2–106）

2. 两掌上抬，收抱脑后，手指交叉。（图2–107）

图2–106

图2–107

3. 缓缓向前下俯，两掌用力使头压向裆下，两膝挺直，脚跟不要离地。可反复下俯数次。（图2-108）

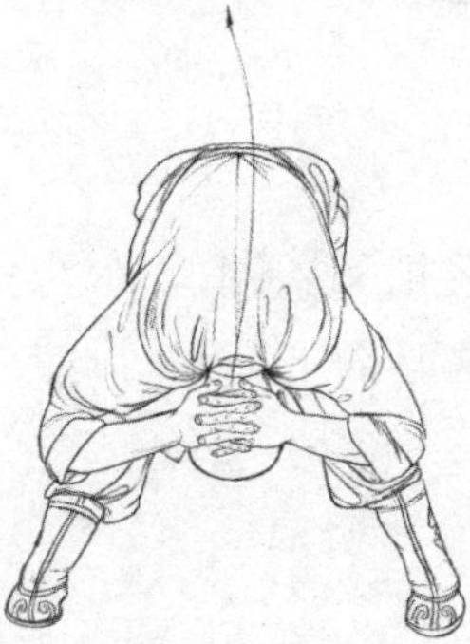

图2-108

4. 起身直立而起。（图2-109）

图2-109

十二、掉尾翘首

图2-110

【练法】

1. 承接上势，两掌相叉。翻转伸臂向顶上托举，掌心向上。（图2-110）

2. 两掌直臂向前划弧下落，至与胸平，掌心向前。（图2-111）

图2-111

图2-111附图

3. 翻转两掌，屈臂收至胸前，掌心向上。（图2–112）

图2–112

4. 身体前屈塌腰；两掌翻转，掌心向下，直臂下按触地。（图2–113）

5. 昂头。目光前视。（图2–114）

图2–113

图2–114

6. 头部左转；同时，臀向左扭动。目光后视。（图2-115）
7. 头部还原向前。（图2-116）

图2-115

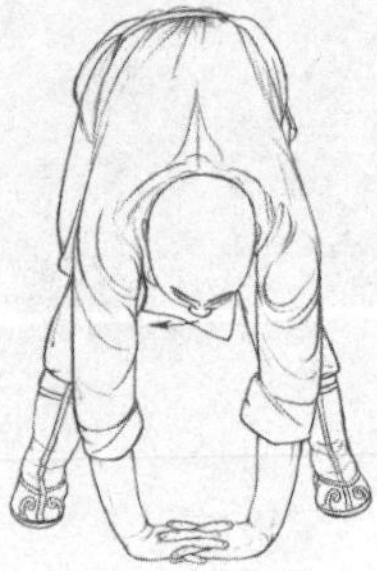
图2-116

8. 头向右转；同时，臀向右扭动。目光后视。（图2-117）
9. 头部还原向前。（图2-118）

图2-117

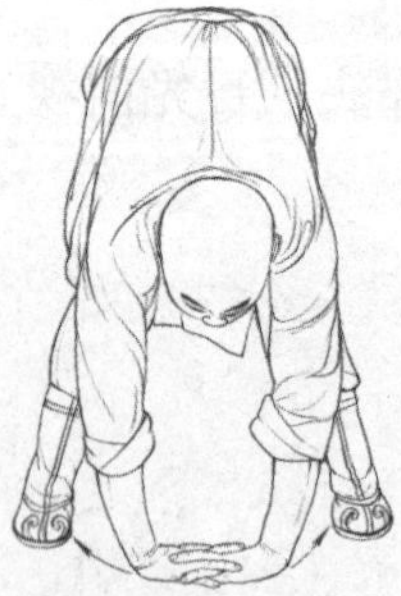
图2-118

10. 上体缓缓起立；两掌外展胯侧，上合头顶，下按腹前；最后翻转为掌心向上，指尖相对。（图2-119 ~ 图2-121）

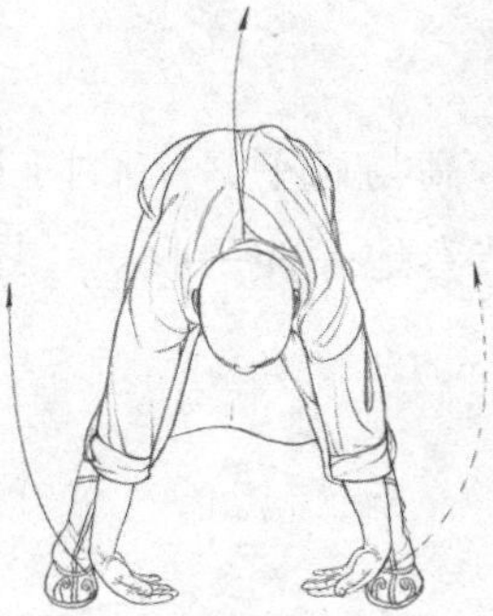

图2-119

图2-120

图2-121

十三、通臂顿足

【练法】

两掌向左右平展，高与肩平，掌心向上，指尖向外；两脚跟提起。然后，两掌有节奏地一伸一收。（图2-122）

图2-122

一般伸缩7次，顿脚跟1次。顿足3次，伸缩两掌共21次。读者也可自行体悟，自行把握。

十四、静功打坐

【练法】

打坐，两腿双盘，五心朝天；两掌抱于腹前，练习调息。（图2–123）

图2–123

第三章

韦陀韧劲功十八势

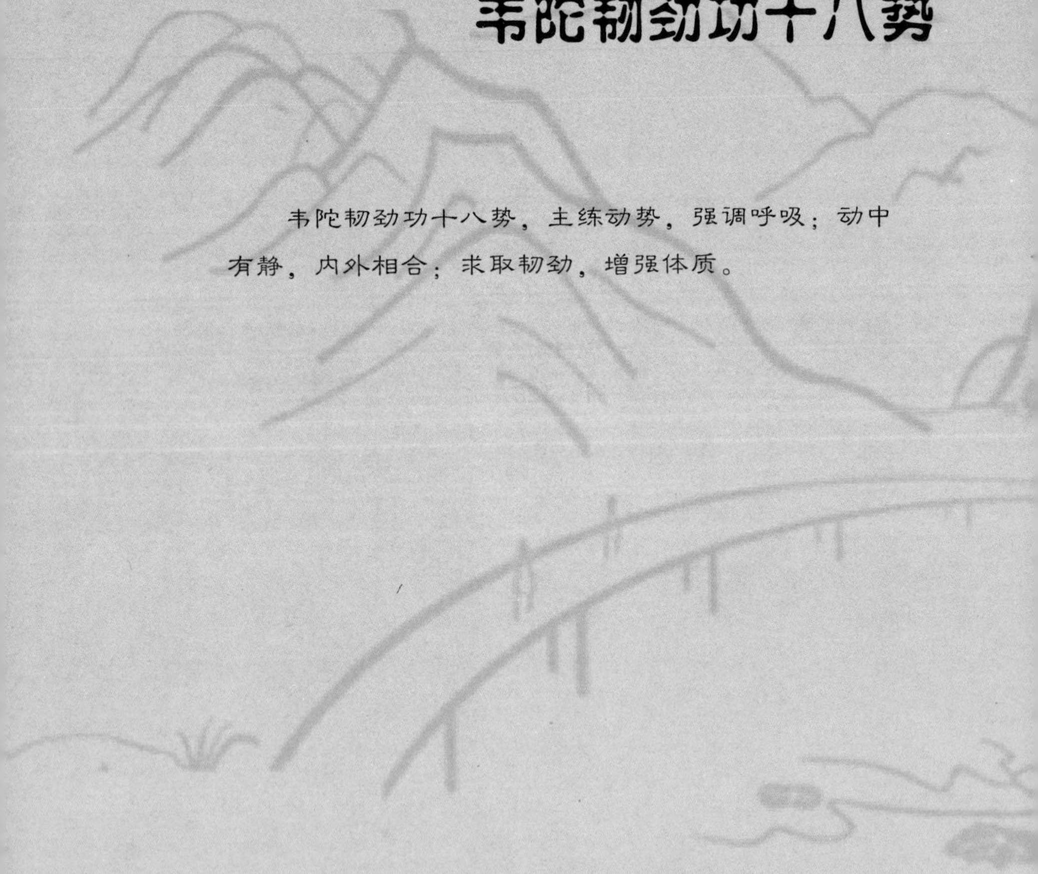

韦陀韧劲功十八势，主练动势，强调呼吸；动中有静，内外相合；求取韧劲，增强体质。

本功相比于“韧劲十二势”与“韧劲十四势”，动作更为细腻多变，劲法更为坚韧有力，锻炼更为全面完备。

练之既可强筋壮骨，提高体能，又可增益内气，贯劲发力，是难得一见的韧劲秘功。

一、怀抱日月

【练法】

1. 两脚并步，正身直立；两掌垂放体侧，呼吸自然，入静片刻。（图3–1）

2. 左脚向左横开一步，两脚间距约同肩宽。（图3–2）

图3–1

图3–2

3. 两掌向两侧徐徐抬举，左右伸展，至与肩平，掌心向下，指尖向外。（图3–3）

图3–3

图3–4

4. 两掌外旋，掌心向前，虎口向上。（图3–4）

5. 两掌缓缓向正前环臂抱掌，指尖相对，虎口向上，两掌心对肩。（图3-5）

图3-5

图3-5附图

二、力士担山

【练法】

1. 承接上势，两掌徐徐后收成立掌，掌心相对，指尖向上。随即，两掌棱用暗劲前推，两肘稍屈成半弧状。（图3-6）

2. 指尖下落前插，掌心相对，两臂与肩平。（图3-7）

图3-6

图3-7

3. 两掌拇指外转，掌心向上，舒指展掌，平举肩前。（图3–8）

4. 两掌向左右分开外展，一字平肩，掌心向上，指尖向外；顺项提顶，引体向上，竖直脊梁；两脚跟提起，足趾抓地。两目瞪起。（图3–9）

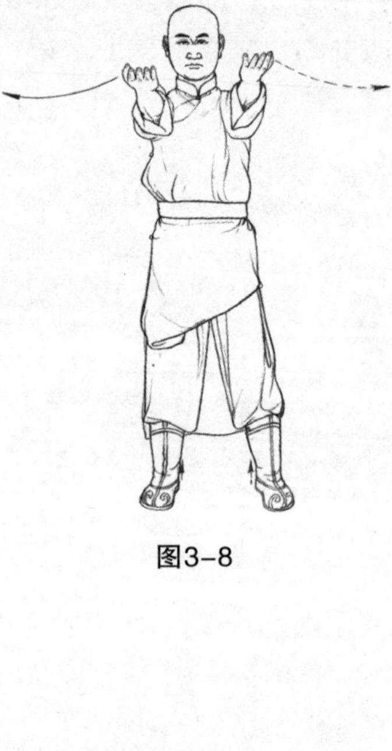

图3–8

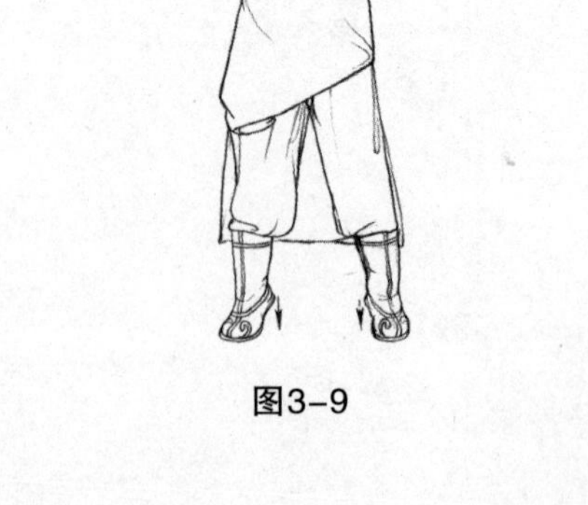

图3–9

三、顶天立地

【练法】

1. 承接上势，两脚跟落地踏实；掌腕内扣，指尖向上，掌心对耳。（图3–10）

2. 两掌转腕，指尖相合，撮成钩手，钩尖向下。（图3–11）

图3–10

图3–11

3. 两手坐腕立掌，指尖向上，掌心向外。（图3-12）

4. 两掌向顶上划弧托举，指尖相对，掌心向上，两臂上抻；仰面，上视，两掌暗劲上托。（图3-13）

图3-12

图3-13

5. 两掌上托，引体向上，脚跟提起，脚趾撑地；平正头颈，舌抵上腭，咬紧牙关，上下暗劲伸拔。（图3–14）

图3–14

四、韦陀捧杵

【练法】

承接上势，两脚跟落地，左脚开步，屈膝坐臀，成马步；同时，舒臂展指，两掌向后、向下、向前划弧，至面前屈臂托掌，掌心含空，高与鼻平，手掌、前臂、上臂成“S”形。（图3–15）

图3–15

图3–15附图

五、环拱当胸

图3-16

【练法】

1. 承接上势，左脚稍收，两腿伸直挺立；两掌前伸，至臂伸直，掌心向上，指尖向前，高与肩平。（图3-16）

2. 两掌稍内旋，掌心相贴合十，虎口向上，指尖向前。（图3-17）

图3-17

图3-17附图

3. 指尖上旋，指尖向上，高与鼻平，坐腕平肩，两臂成环状。（图3-18）

图3-18

图3-18附图

六、气沉海底

图3-19

【练法】

1. 承接上势，指尖内旋，双掌根外撑，指尖向里。（图3-19）

2. 掌根回旋，竖掌合十于胸前，指尖与喉平。（图3-20）

上述图3-19、图3-20动作，反复练习数遍。

3. 两掌分开，缓缓上提，两指尖斜对眉尖，两肘斜向外垂，掌心斜向下而遥遥相对。（图3-21）

图3-20

图3-21

4. 两掌下按腹前，指尖相对。（图3-22）

图3-22

5. 两掌下落，垂放体侧。（图3-23）

图3-23

七、摘星换斗

【练法】

1. 左脚提起，向里、向前摆步，左脚跟提起，重心落于右腿，成左虚步；同时，左掌弧形绕膝前运于左腿内侧，掌心向右，指尖向下，左臂伸直，暗劲下插；右手握空心拳弧形运于右大腿外侧，拳眼向左。目视左掌。（图3–24）

2. 左虚步不变；左掌外旋，掌心向上，缓缓向身前上托，与肩同高，肘部微含；竖直腰身，头微左转；同时，右空心拳向上抬举于头部右侧上方，拳眼向左。目视左掌。（图3–25）

图3–24

图3–25

3. 左虚步不变；左掌向外、向上、向右旋转，至头顶左上方，肘部含力，掌心向上，指尖向后，暗劲上托；右空心拳自然下垂于右大腿外侧，拳面向下。（图3–26）

4. 两腿缓缓直立，徐徐引体斜向前上，左脚踏实，右脚跟悬提；同时，左掌心向下，向左前上方伸臂展掌，指尖向前，高与眉平；右拳变钩向后、向下斜抻拽拉，钩尖向上。昂首，目视左掌。（图3–27）

图3–26

图3–27

5. 左掌五指内扣成虎爪，收至左耳旁；右钩手向右耳旁旋提变虎爪；身体重心随之后移，右脚踏实。两虎口向里，爪心向上。（图3–28）

6. 左脚收于右脚内侧，并步屈膝下蹲；两虎爪由体两侧同时弧形下落，分按于两腿外侧，高与膝平。（图3–29）

图3–28

图3–29

7. 左爪变掌伸指，指尖向前；右爪变掌翻转，掌心向上，指尖向左。（图3-30）

8. 两腿缓缓伸膝立身；同时，右掌外旋，由体右侧螺旋上举至顶上，掌心向上，指尖向左，用力上托，如托重物；左掌挺指坐腕，掌心向下，指尖向前，伸臂用力，按压于身体左侧。（图3-31）

图3-30

图3-31

9. 右掌翻转，掌心向下，指尖向左，落于额前；左掌旋腕，上提额前，掌心向下，指尖向右。（图3-32）

10. 两掌缓缓下按至腹前。（图3-33）

图3-32

图3-33

图3-34

11. 两掌垂放体侧，全身放松。（图3-34）

12. 上述为左势。然后练习右势。左右反复练习。

图3-35

八、吞星纳月

【练法】

1. 承接上势，两掌收抱腹前，指尖相对，掌心向上。（图3-35）

2. 两掌上提胸前。（图3–36）

图3–36

图3–37

3. 翻转两掌，掌心向下，下按至腹前。（图3–37）

此势反复练习数遍。

九、力举千钧

【练法】

1. 承接上势，两掌在腹前翻转，掌心向上，指尖相对。（图3-38）

2. 两掌缓缓上托胸前。（图3-39）

图3-38

图3-39

3．两掌翻转，掌心向上，指尖相对，伸臂向头顶上方托举；随之仰头，目视两掌背，用暗劲直臂向上抻拔。（图3-40）

4．正头颈；随两臂掌继续上拔，引体向上，两脚跟尽力上提。（图3-41）

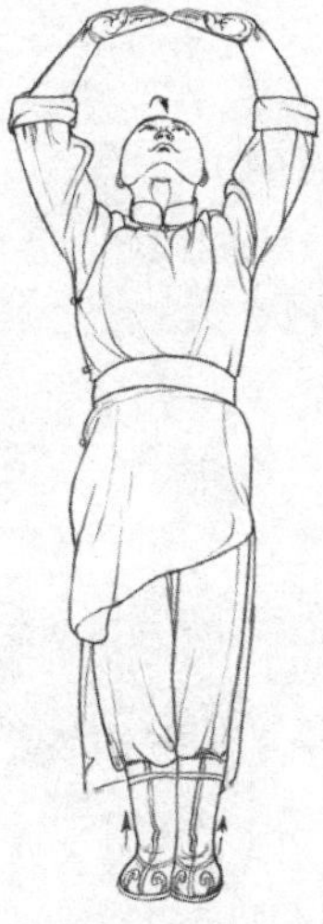

图3-40

图3-41

5. 两掌内扣成虎爪，直臂分落左右，一字平肩，爪心向下，虎口向前。（图3–42）

图3–42

十、推窗望月

图3–43

【练法】

1. 承接上势，两虎爪屈指握拳，缓缓收抱于腰间。（图3–43）

图3-44

2. 两脚跟落地；同时，两拳变掌下落，继由胯侧弧形向上运至肩前，掌心斜向前。（图3-44）

3. 两掌伸臂向前推出，指尖向上，腕高与肩平，与肩同宽；同时，两脚跟提起，挺身怒目。（图3-45）

图3-45

图3-45附图

按上述图3-44、图3-45动作，反复练习数遍。

4. 推掌收至两肩前时，外划握拳收抱腰间。（图3-46、图3-47）

图3-46

图3-47

十一、大鹏展翅

【练法】

1. 承接上势，左脚向左横开一步，两脚间距略宽于肩；两拳变掌，向外、向上、向后展臂托举，高过头顶，掌心向上，指尖向外；同时，上体缓缓后仰，挺胸、仰面，目光上视。（图3-48）

2. 上体立起，弯腰前俯；两掌向前、向下划弧下垂，垂至指尖近脚，两臂伸开，掌心向后。（图3-49）

图3-48

图3-49

3. 两掌继续向后、向上划弧，直臂圆转，反臂伸举于身后上方，指尖斜向上，掌心向前；头部尽量向前下探。（图3-50）

4. 两掌下落，用掌心按住腰部；上身缓缓立起，两腿屈膝半蹲，成马步。（图3-51）

图3-50

图3-51

5. 两掌向下一直摩至两脚后跟，指尖向下，掌心向前；臀部下沉，成低马步。（图3-52）

图3-52

6. 臀部缓缓上起，上体前俯，两腿伸膝挺直；两臂伸直，两掌转至两脚里侧，指尖相对，掌面触地。昂头，目视前方。（图3–53）

7. 臀部下坐，上身立起，两腿屈膝半蹲，成马步；同时，两掌上提至胸前，指尖相对，掌心向上。（图3–54）

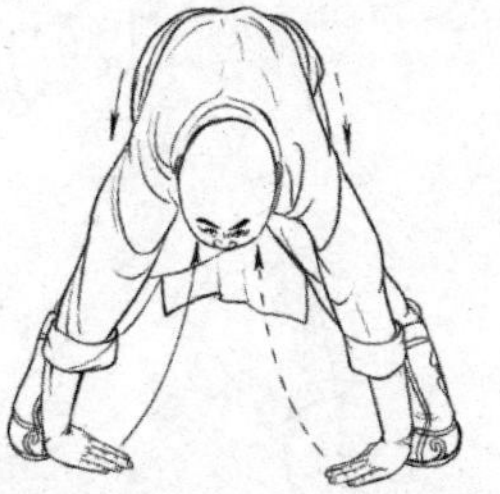

图3–53

图3–54

8. 上体左转约90°，成左弓步；同时，两掌左右分展，坐腕立掌，指尖向上，掌心向外。（图3–55）

图3–55

9. 身体右转约90°，恢复正马步；同时，两掌收至胸前平端，指尖相对，掌心向上。（图3-56）

10. 上体右转约90°，成右弓步；同时，两掌左右分展，坐腕立掌，指尖向上，掌心向外。（图3-57）

图3-56

图3-57

11.身体左转约90°，恢复成正马步；同时，两掌收回，端于胸前，指尖相对，掌心向上。（图3-58）

图3-58

十二、九鬼拔刀

【练法】

1. 承接上势，两腿伸立，两脚跟内收，继两脚尖内扣一步，两脚成倒八字势；同时，右掌下垂于右大腿侧，指尖向下，掌心向里；左掌上提至左肩前上方，指尖向上，掌心向右。（图3-59）

2. 左掌缓缓向上舒臂展掌，向后下抡转，至腕与肩平，坐腕竖掌，掌心向左；同时，向左转腰，转头；右掌亦缓缓上举，至腕与肩同高，坐腕竖掌，掌心向右，两臂一字平肩。目视左掌。（图3-60）

图3-59

图3-60

3. 右掌缓缓向右舒臂展掌，向后抡转，至腕与肩平，坐腕竖掌，掌心向右；左掌同步向右、向前抡转，坐腕竖掌，掌心向左，腕高与肩平；同时，向右转腰、转头。（图3-61）

4. 右臂斜伸于体右侧，右掌五指撮拢成钩手，拧臂转成钩尖向上，高与胯平；同时，向左转头、转腰；左掌向左前上伸，指尖向前，约与眉平，掌心向上。双手暗劲伸展。（图3-62）

图3-61

图3-62

5. 右臂屈肘，右钩变掌，掌背贴于脊背，指尖斜向左上；左掌屈臂抱于脑后，指尖按于右耳前。（图3-63）

图3-63

6. 左掌向右用力，带动头部向右后转，至极限。双眼尽力向右后视。（图3-64）

图3-64

图3-64附图

7. 左掌扭腕向上用暗劲提至头顶右侧，指尖向右，掌心向前；右掌向下扭腕沉压；两掌、两腕形成争劲。（图3–65）

8. 左掌成钩手，经面前向下、向左后侧划弧斜伸，钩尖后上；右掌斜向右前上伸出，指尖向前，约与眉平，掌心向上。（图3–66）

图3–65

图3–66

9. 左臂屈肘，左钩变掌，掌背贴于脊背；右掌屈臂抱于脑后，指尖按于左耳前。（图3–67）

10. 右掌向左用力，带动头部向左后转，至极限。双眼尽力向左后视。（图3–68）

图3–67

图3–68

11. 右掌扭腕向上用暗劲提至头顶左侧，指尖向左，掌心向前；左掌向下扭腕沉压；两掌、两腕形成争劲。（图3-69）

12. 右掌向上、向右、向下划弧，垂于体侧；左掌同时下落垂放；两脚尖外展，两脚平行开立；正头颈，眼前视。（图3-70）

图3-69

图3-70

十三、三盘落地

【练法】

1. 承接上势，左脚向左移动一小步，两脚间距略宽于肩；两掌向左右展臂上抬，高与肩平，掌心向下，指尖向外。（图3–71）

图3–71

2. 身体下沉，两腿屈膝下蹲；同时，两掌向下、向里、向上划弧，翻托至肩前，掌心向上，指尖向前，两臂平行。（图3-72）

图3-72

图3-72附图

3. 马步桩不变；两掌缓缓翻转，下按体侧，至与膝平，掌心向下，指尖向前。（图3-73）

图3-73

4. 俯身躬腰，两腿挺膝伸直；同时，两掌抱合于裆下地面，指尖相对，掌心向上，两臂伸直。（图3-74）

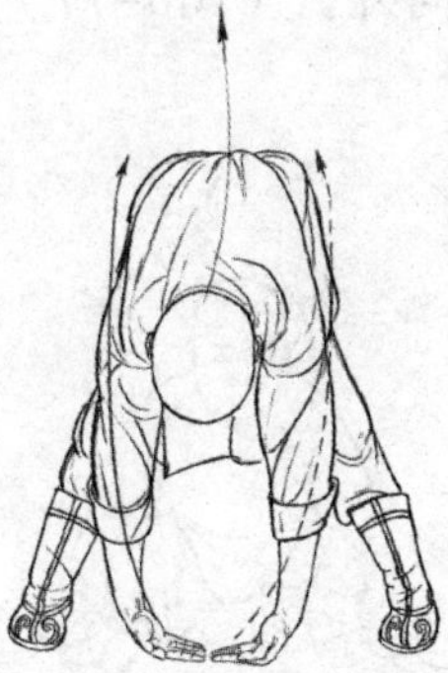

图3-74

5. 抬起上身，开步正身直立；同时，两掌翻转，向前、向上平托而起，如托重物般，高与肩平，两臂平行。（图3-75）

6. 指尖内转，两掌收至胸前，指尖相对，掌心向上。（图3-76）

图3-75

图3-76

7. 两腿屈膝下蹲，臀部尽量下沉；同时，两掌翻转下按，至两脚外侧地面，指尖向外。（图3-77）

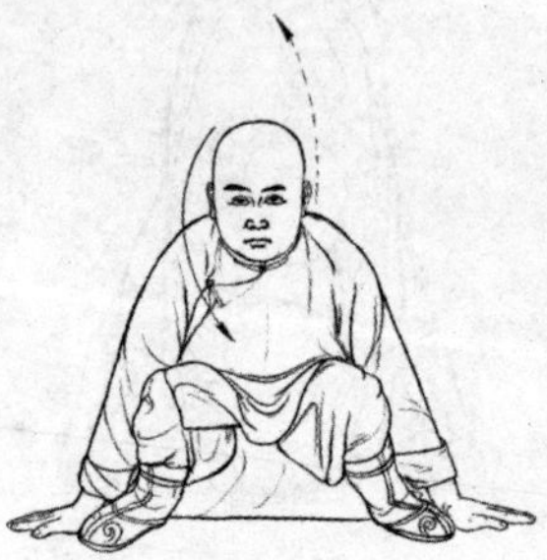

图3-77

8. 两掌按地不动；臀部向后上提起，两腿伸开，成躬身前俯势。（图3-78）

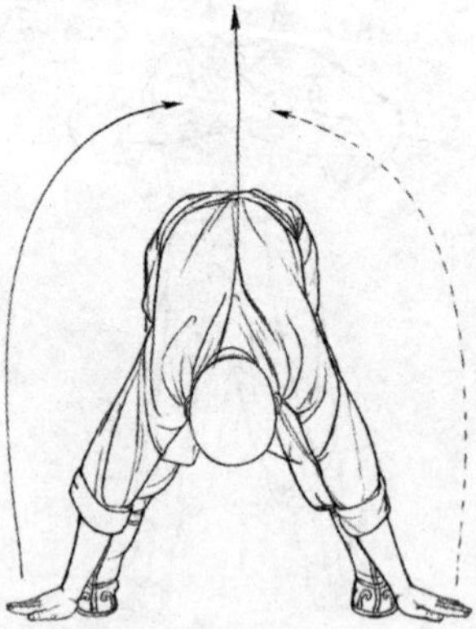

图3-78

图3-78附图

9. 立起上身；同时，两掌向左右弧形上抬，至两肩前成抱球状，指尖斜向上，掌心相对。（图3–79）

图3–79

10. 两掌缓缓下按至腹前，指尖相对。（图3–80）

11. 放下两掌，垂放体侧。（图3–81）

图3–80

图3–81

十四、青龙探爪

【练法】

1. 承接上势，左脚向外移动一小步，两脚间距宽超两肩；同时，两掌分摆两侧，掌根下坐，指尖向前上翘。（图3-82）

2. 上体右转，右掌提于右腰侧，掌心向上；同时，左掌向右上推出，坐腕立掌，腕高与肩平，指尖向上，掌心向右。（图3-83）

图3-82

图3-83

3. 身体缓缓左旋；左掌回收坐掌，掌心向下；同时，右掌托举至头顶上方，掌心向上。（图3-84）

图3-84

4. 上体左转；左掌左移；右掌向左、向下弧形下划，按至左脚外侧。（图3-85）

图3-85

5. 上身仰起；同时，右掌向右摆移，随仰身按于右胯侧，伸肘坐腕；左掌伸臂下按于左胯侧。两掌掌心向下，指尖向前。（图3–86）

图3–86

6. 上体左转，左掌心翻转向上，提至腰位；同时，右掌向左上推出，腕高与肩平，指尖向上，掌心向左。（图3–87）

图3–87

7. 身体缓缓右旋；右掌回收坐掌；同时，左掌托举至头顶上方，掌心向上。（图3-88）

图3-88

8. 上体右转；右掌右移；左掌向右、向下弧形下划，按至右脚外侧。（图3-89）

图3-89

9. 上身仰起；左掌向左摆移，随仰身按于左胯侧，伸肘坐腕；同时，右掌伸臂下按于右胯侧。（图3-90）

图3-90

10. 左脚内收，成小开步（两脚间距与肩同宽）；两掌松腕，垂放体侧。（图3-91）

图3-91

十五、卧虎扑食

【练法】

1. 承接上势，左转身，左脚前移半步，左脚跟提起，成左虚步；两掌提摆于左肩前，左长右短，两掌心向里，指尖向上。（图3–92）

2. 左脚尖前移，脚跟落地，成左弓步；低头拱脊，两掌同时向前下捞，置于左小腿前，指尖斜向下。（图3–93）

图3–92

图3–93

3. 随即低头，臀部向后上方凸起收紧；两掌内旋按于左脚前地面，掌心含空，指尖着地，两臂伸直。（图3–94）

4. 昂头探颈，沉背；右腿蹬开，左膝前屈，落两胯；瞪目。（图3–95）

图3–94

图3–95

以上数动，连续反复练习。

5. 身体起立，重心移于左腿，右脚前移半步，右脚跟提起，成左后虚步；同时，两掌上提，置于腰间，掌心向上，指尖向前。（图3–96）

图3–96

6. 右脚跟落地，胯向后落；两掌前伸，掌心向下，指尖向前。（图3–97）

图3–97

7. 胯部用力后坐，两腿向下弯曲；两掌用力前伸，前后争劲对拉。（图3–98）

图3–98

以上数动，连续反复练习。

8. 两脚右摆，上体右转，面向正前；两掌垂放体侧。（图3-99）

9. 上为左势，接着换练右势。

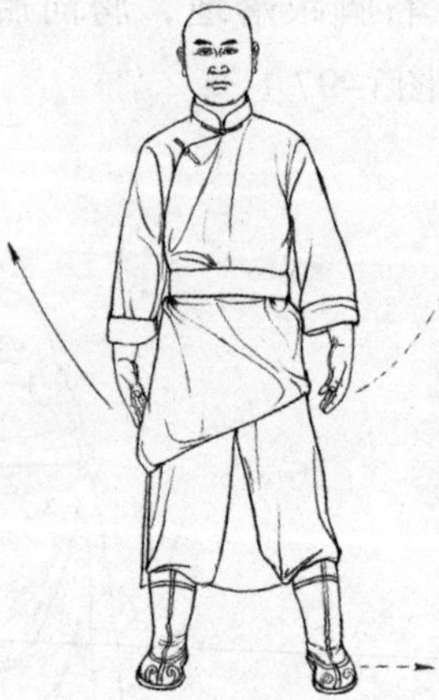

图3-99

十六、倒拽牛尾

【练法】

1. 承接上势，左脚向左侧横开一步，两腿屈膝半蹲，成马步；两掌向左右弧形展推，腕高与肩平，指尖向上，掌心向外。（图3-100）

图3-100

2. 重心移于右腿，左腿伸直，左脚跟着地，上体左转；左掌向下、向上弧形移至右胸侧，屈臂坐腕，掌心向右，指尖向上；右掌向上举臂至额前上方，掌心向上，指尖向左。（图3-101）

图3-101

3. 左脚尖落地，屈膝成左弓步；右掌斜向左前下按，置于左侧腹前，掌心向下，指尖向前；左掌经左肩前上提，屈肘竖臂，掌心对面时成钩手，钩尖对眉心。（图3-102）

图3-102

4. 左钩手变拳稍沉，拳心对鼻；右掌直臂划弧至身后，屈指握拳，拳心向上。（图3-103）

5. 上体前俯，至胸近腿。（图3-104）

6. 直腰后仰。（图3-105）

7. 正上身。（图3-106）

图3-103

图3-104

图3-105

图3-106

8. 两拳翻转变立掌，左右展臂伸推，腕高与肩平；上体转正，成马步。（图3-107）

图3-107

9. 接着练习右势。

10. 左脚里收，成小开步；两掌下落，垂放体侧。（图3-108）

图3-108

十七、折腰打躬

【练法】

1. 承接上势，两掌向左右展臂上抬，一字平肩，掌心向下，指尖向外。（图3-109）

2. 两掌翻转，屈肘抱于脑后，十指交叉，掌心向里。（图3-110）

定势后，两掌用暗劲欲使头项向前，头项用暗劲欲使两掌向后，如此一用劲、一松劲，练习数次。

图3-109

图3-110

3. 然后，两掌用力推头向前，手与头仍在争劲之中，如此缓缓向前折腰俯身，暗藏韧劲。（图3-111）

图3-111

略停一会儿；两掌松劲，直腰站立；再折腰前俯。反复练习数次。

4. 直腰站立，两腿屈膝半蹲成马步；随即，向左转腰、转颈、转头，展肩、展肘。双目后瞧。（图3-112）

图3-112

5. 略停一会儿，接着，向右转腰、转颈、转头，展肩、展肘。双目后瞧。（图3–113）

上述动作，一左一右，反复连续练习。

图3–113

6. 伸腿收步直立，上体转正。（图3–114）

7. 松开两掌，垂放体侧。（图3–115）

图3–114

图3–115

十八、掉尾摇脊

【练法】

1. 承接上势，两掌上举至头顶上方，交叉手指，翻转上托，掌心向上。（图3–116）

2. 开步，上身前俯；两掌叉指向下，撑地于裆前；两腿挺膝伸直。（图3–117）

图3–116

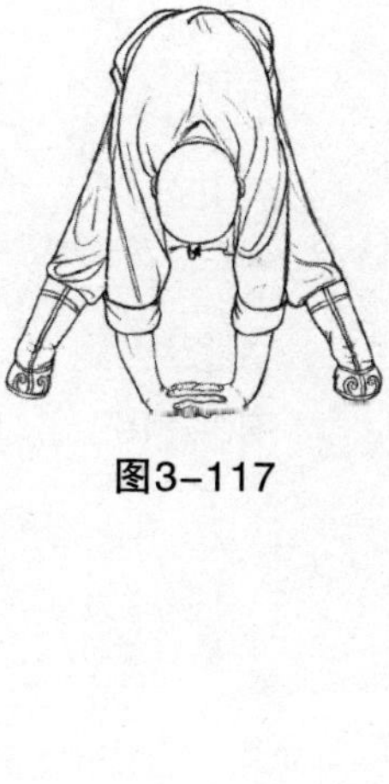

图3–117

3. 昂头颈，目前视。（图3-118）

图3-118

图3-118附图

4. 头向左转；同时，臀部向左扭动。目向左侧后视。（图3-119）

图3-119

图3-119附图

5. 头部还原，昂头前视；臀部还原。（图3-120）

图3-120

6. 头向右转；同时，臀部向右扭动。目向右侧后视。（图3-121）

图3-121

图3-121附图

7. 头部还原，昂头前视；臀部还原。（图3–122）

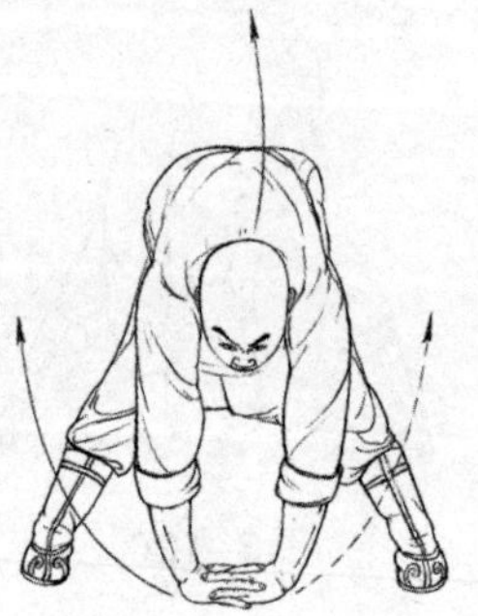

图3–122

反复练习上述动作。

8. 两掌放开，分向左右，掌心向前，掌尖斜向下；立起上身。（图3–123）

图3–123

9. 左脚右收，两脚并步；同时，两掌向外、向上划弧至头顶，下按至腹前，垂放体侧。全身放松，调匀呼吸，本功收势。（图3–124）

图3–124

第四章

秘传韦陀绵劲功

韦陀绵劲功，顾名思义，主练“绵劲”，寓意“绵柔”，以“绵”为要。

本功不求武力，劲法内敛；徐缓温和，运动量小；动作简单，容易练习，是韦陀门秘传的养生功珍品。

练时要求全身放松，呼吸随意，不勉强用力，非常适合体弱者、亚健康或有病者。练之可柔体松身，通经活络；调畅气血，温补真元；祛劳除疲，恢复体力；防病延年，理疗疾病等。

第一节 六字功

六字功是以“呼吸六字诀”（呵、呼、吹、嘘、呬、嘻）为基础，配合相应外动而成，内外兼修，相得益彰。

一、起落

【练法】

1. 两脚并步，正身直立；两掌虎口相交，右掌心贴左掌背，左掌心贴于小腹前；全身放松。目视前方。（图4–1）

图4–1

2. 左脚向左前方迈出半步；两手翻掌，交叉胸前，右内左外，掌心向里，指尖斜向上。（图4-2）

图4-2

3. 重心移向左脚，右脚跟随之提起，身体前倾；同时，两掌斜向两侧上方伸展，两臂成半弧形，两掌高过头顶成抱球状。（图4-3）

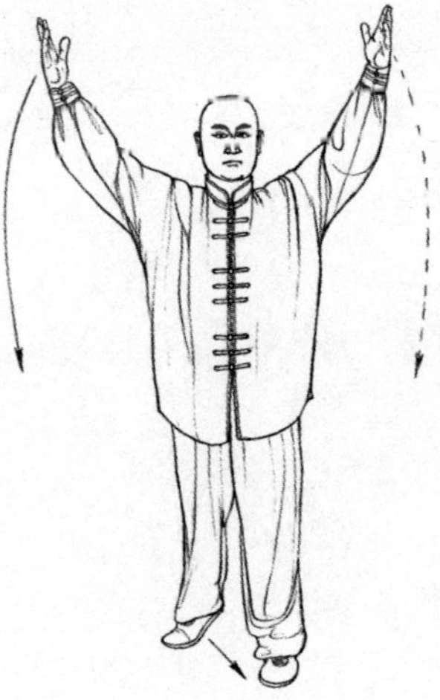

图4-3

4. 右脚上前半步，落于左脚内侧，两脚跟相靠，脚尖外展，两腿半蹲，膝尖外展；同时，两掌左右下落，掌心向下，指尖向外。（图4-4）

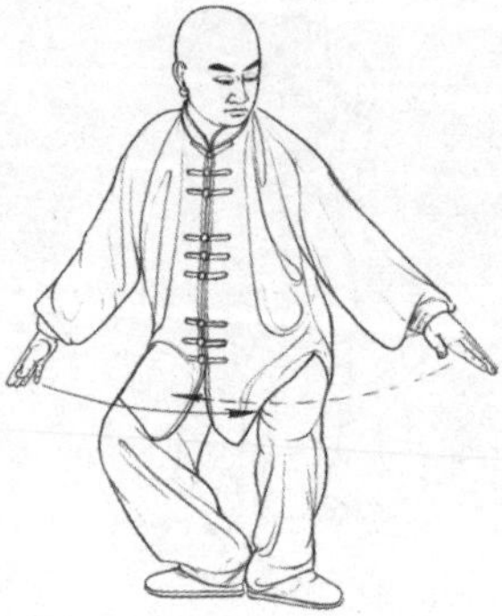

图4-4

5. 动作不停，两掌至与膝平时，弧形内收；身体随之下蹲，两膝相并；同时，两腕交叉于两膝上方，右下左上。目视前下方。（图4-5）

图4-5

6. 起身直立，两掌虎口相叉抱于小腹前。（图4-6）

图4-6

7. 然后，换练右进步。

左、右各做数遍，次数以各人体力自行而定。

【要点】

此功练习时，呼吸要自然随动，不要憋气，也不要勉强加深呼吸；动作要缓慢柔绵，全身放松，不要多加外力，不要紧筋收肌。

二、通臂

【练法】

1. 承接上势，左脚向前上半步；两掌松开，左掌收至左腰侧，右掌向右划弧下落；同时，以鼻自然吸气。（图4-7）

图4-7

2. 左掌叉腰，拇指在后；右掌由下向前推出，拇指张开，指尖向上，腕高与肩平；同时，以口呼“嘘”（初练时宜慢宜短，渐渐加长，但不得勉强为之）；左腿向前屈膝，成左弓步。目视右掌。（图4-8）

图4-8

图4-8附图

3. 接着，右掌屈指变爪，右臂屈肘，右爪收至右肩前，爪心向上；重心右移。（图4-9）

图4-9

4. 右爪向前下拉，至右胯外侧。屈指握拳，拳心向下。（图4–10）

5. 然后，左脚退半步，与右脚相并，正身直立；同时，两掌虎口相叉，抱于小腹。（图4–11）

图4–10

图4–11

6. 然后，上右脚、伸左掌，动作与上相同。

左、右各做数遍。

【要点】

以下各势除注明详细的吸气、呼气法外，皆自然呼吸，练者自行体悟，不再赘述。

三、抱踮

【练法】

1. 承接上势，身体略下蹲，脚跟相接，膝尖外展；同时，两掌上提于胸前，两腕相交，左内右外，指尖斜向上，掌心向里。（图4-12）

2. 随即起立；两掌向下、向外、向上划弧平展，掌心向上，指尖向外。（图4-13）

图4-12

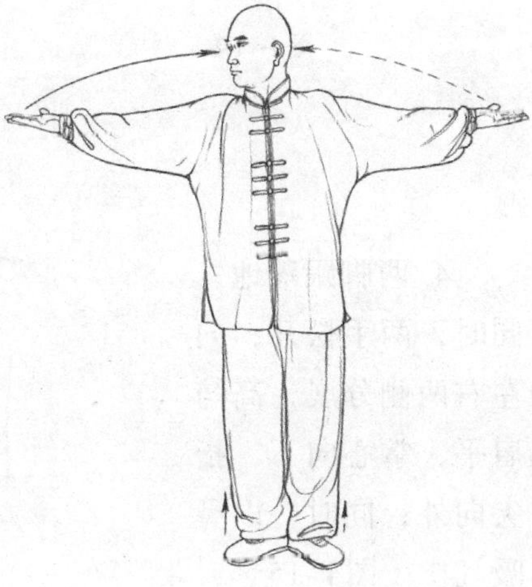

图4-13

3. 两掌继续上抬，收抱脑后，十指交叉，两肘外展；同时，两脚跟提起，前脚掌撑地。（图4-14）

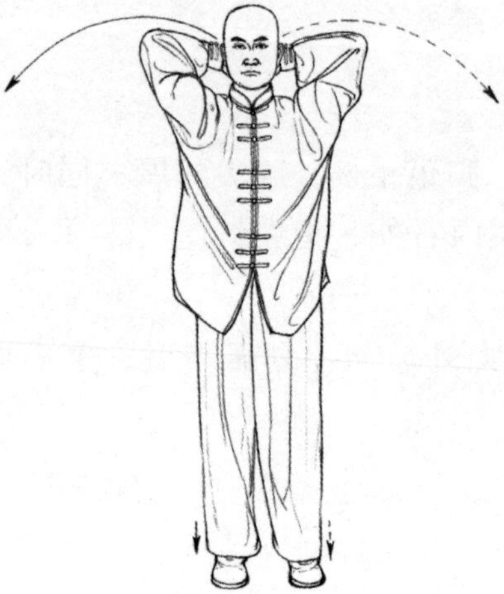

图4-14

图4-14附图

4. 两脚跟落地；同时，两手松开，向左右两侧分展，高与肩平，掌心向下，指尖向外；同时，以鼻吸气。（图4-15）

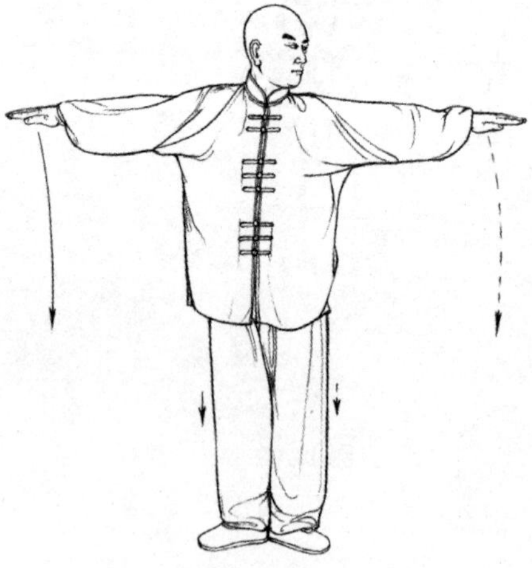

图4-15

5. 重心缓缓下落，屈膝半蹲，膝尖外展；两掌下落，约与腰平；同时，以口呼“呵”。（图4–16）

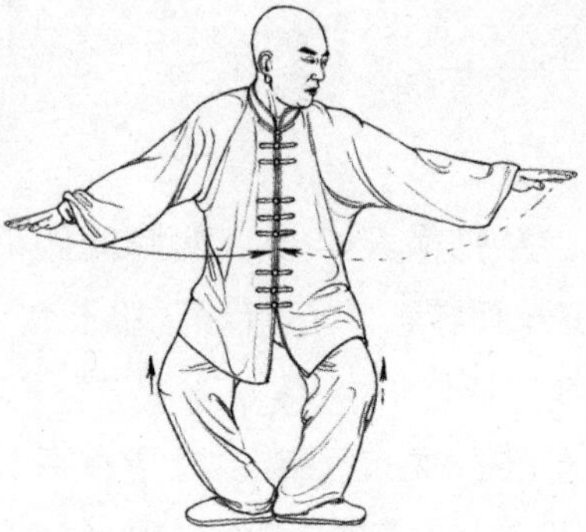

图4–16

6. 然后，伸腿立身；两掌收于腹前，虎口相叉。（图4–17）

上述动作，反复练习。

图4–17

四、抱抓

【练法】

1. 承接上势，左脚横开半步，两脚间距略宽于肩，两膝略屈；同时，两掌松开翻转，掌心相对，左上右下，于胸、腹前成抱球状。（图4–18）

2. 左掌移向左腰，虎口叉腰，拇指在后；此时重心移到左腿；右掌移向右侧前上方翻掌，高与顶平，掌心向前，指尖向上；同时，以鼻吸气。（图4–19）

图4–18

图4–19

3. 身体重心略下沉，右脚跟提起，随即，向上提身；右掌向上托出；同时，以口呼“呼”。目视右掌。（图4-20）

4. 将气呼尽，右掌旋指变爪，爪心向前。（图4-21）

图4-20

图4-21

5. 右爪下拉，至右腹侧，爪心向下；身体随之下蹲。（图4-22）

图4-22

6. 左脚内收半步，两脚跟相并，身体起立；两掌虎口相叉，抱于腹前。（图4-23）

7. 然后练习左势。

左、右各做数遍。

图4-23

五、展拍

【练法】

1. 承接上势，左脚向左斜前方上半步，成弓步；同时，两手翻掌相叠，右掌在上，掌心向上。（图4-24）

图4-24

2. 重心移于右腿后坐，左腿虚、右腿实；同时，两掌分向左右胯外，掌心向前，指尖向下。（图4-25）

3. 提起上身，两掌向上划弧，举掌分开，掌心向上，指尖斜向外；仰面上望；同时，以鼻吸气。（图4-26）

图4-25

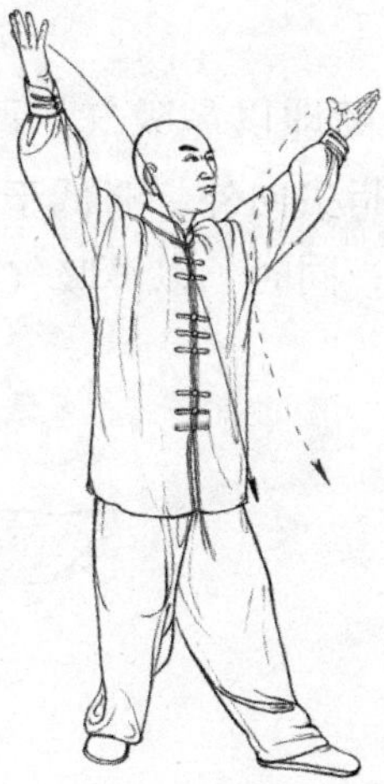

图4-26

4. 身体前俯，两掌向左前下拍，掌心向下，指尖向前，略高于膝；同时，以口呼“呬”。（图4-27）

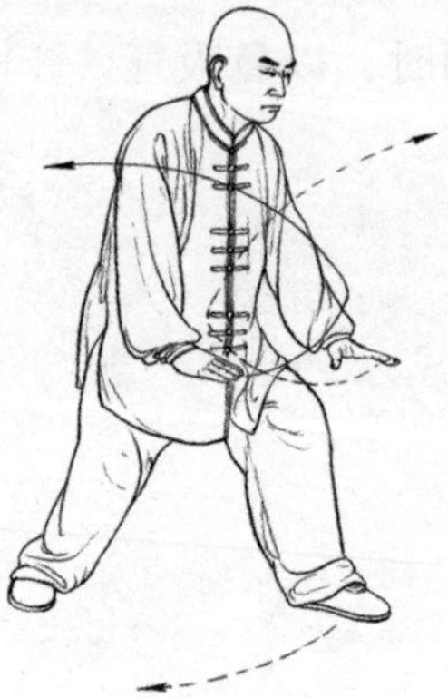

图4-27

5. 随即以鼻吸气，两掌交叉划弧，翻掌向两侧伸展，掌心向上，指尖向外，略低于肩；此时身体亦略向后仰坐，右腿实、左腿虚；同时，以鼻吸气。（图4-28）

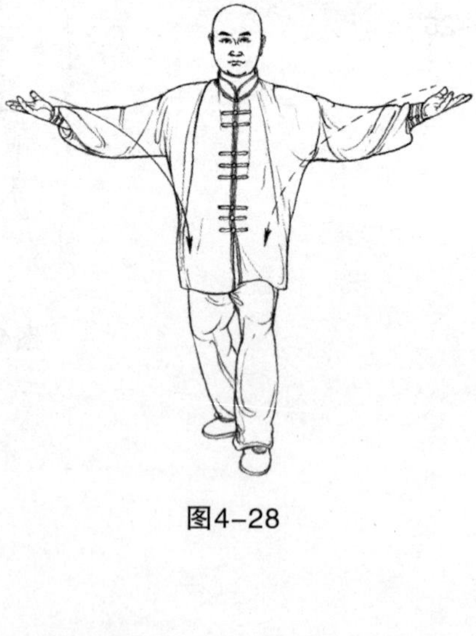

图4-28

6. 两手翻掌，掌心向下，从两侧向内回收；此时身体亦略向前俯，同时，以口呼“呬”。（图4-29）

图4-29

7. 右脚上前半步，两脚跟相并，立起上身；同时，两掌虎口相叉，抱于腹前。（图4-30）

8. 然后练习右势。

左、右反复练习。

图4-30

六、顾盼

【练法】

1. 承接上势，左脚向左横开半步，两脚间距与肩同宽；同时，两掌叉腰，拇指在前，余四指指腹按住腰部；头项正直。目视前方。（图4-31）

2. 以腰为轴，头颈向左后方转动。两眼注视左后方。（图4-32）

图4-31

图4-32

3. 转腰，头颈转回正前方，继向右后方转动；同时，以鼻吸气。两眼注视右后方。（图4-33）

图4-33

4. 随左转腰，头颈转回正前方，上体即缓缓向前下俯；同时，以口呼“吹”。（图4-34）

图4-34

5. 前俯至一定幅度，“吹”好后，即缓缓向上、向后仰身。目光上视。（图4-35）

图4-35

上述动作，练习数遍。

6. 然后，身体仰起复正，左脚内收半步，两脚相并；两掌收于腹前，虎口相叉。（图4-36）

图4-36

七、翻扭

【练法】

1. 承接上势，左脚向前上半步，成左弓步；同时，右掌向右前方伸展，掌心斜向前，指尖斜向左上；左掌随左转腰动作，向左后方伸展，掌心向后，指尖向下。目视右脚跟。（图4–37）

2. 上体右转，两掌内收；同时，以鼻吸气。（图4–38）

图4–37

图4–38

3. 右脚上步于左脚内侧，脚跟靠拢，随即坐腰沉臀；同时，两掌回收到两膝前侧交腕，右下左上，两掌心均向下；随转腰动作，以口呼“嘻”。（图4-39）

图4-39

4. 然后出右脚做右势。

左、右各做数遍。

5. 然后收功，缓行数步，调匀呼吸。

第二节　定步功第一段

此功定步，不变桩势，以腰腹运动为核心，通过多方位的动势与圆活的绵柔劲，连带锻炼与调畅全身经络与气血。

一、预备

【练法】

正身直立，脚跟相并，脚尖外展；两掌垂放体侧；全身放松，呼吸自然，排除杂念，静立片刻。（图4-40）

图4-40

二、起势

【练法】

1. 两掌由下向前上方升起，至与肩平，指尖向前。（图4-41）

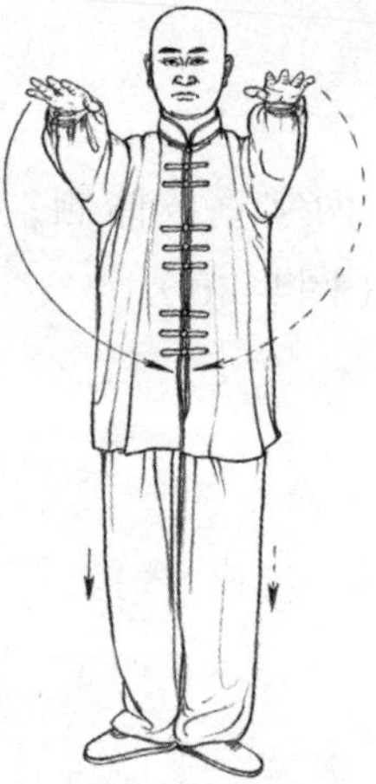

图4-41

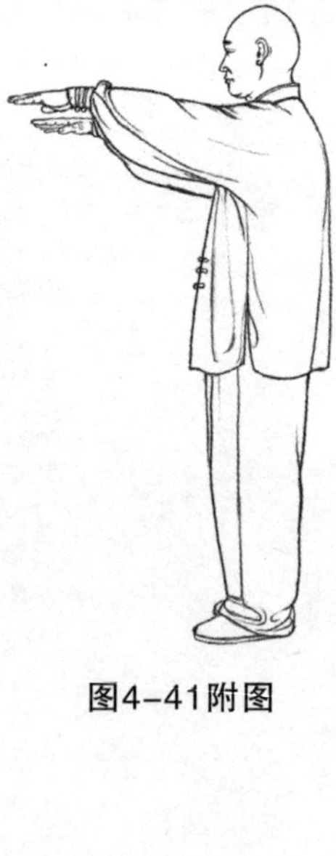

图4-41附图

2. 两掌缓缓降于两大腿上侧，高与腹平，虎口相对；同时，两腿屈膝半蹲。（图4-42）

图4-42

3. 两掌随起身上提至头顶前上，虎口向上，掌心向后。目视两掌。（图4-43）

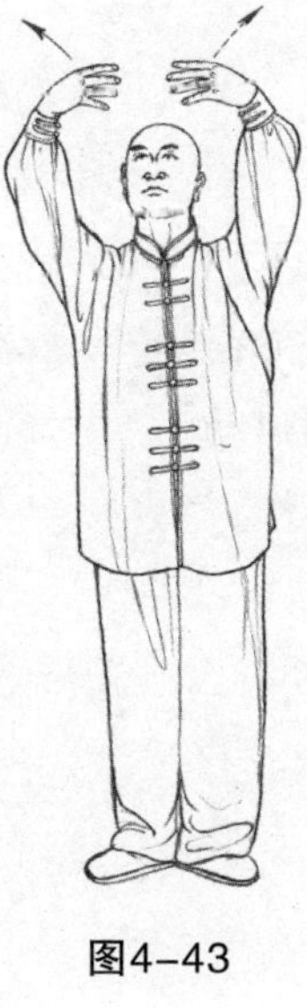

图4-43

4. 两掌翻转，掌心斜向上，两臂成半弧状。目光左上视。（图4-44）

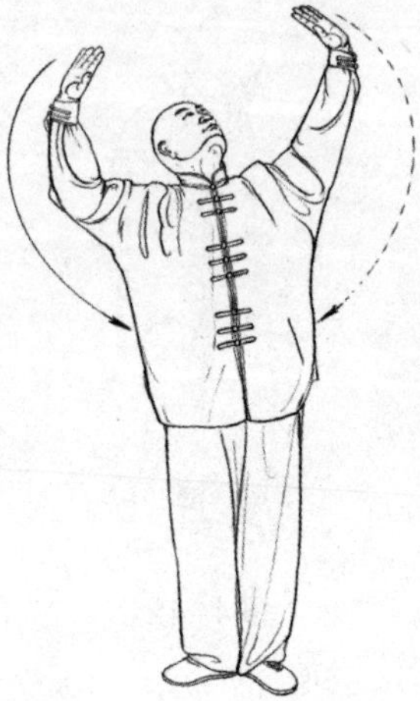

图4-44

5. 两掌左右外展、向下划弧，握拳抱腰。（图4-45）

6. 然后从头开始，第4动加练一个目向右上视的动作，则为左、右两势。

左、右反复练习。

图4-45

三、抓挽

【练法】

（一）左势

1. 左拳变掌，掌心向上，由左腰侧斜向左肩前伸出，掌心向上。（图4-46）

2. 左掌翻转，屈指变爪，爪心向前，腕高与肩平。（图4-47）

3. 左爪屈指扣握成拳，旋转收拉左腰侧。（图4-48）

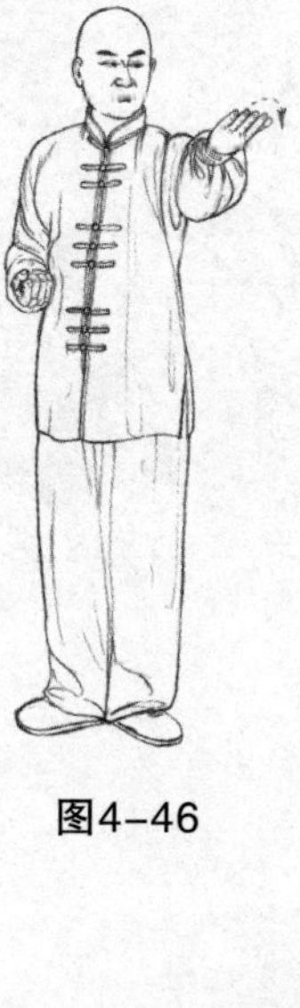

图4-46

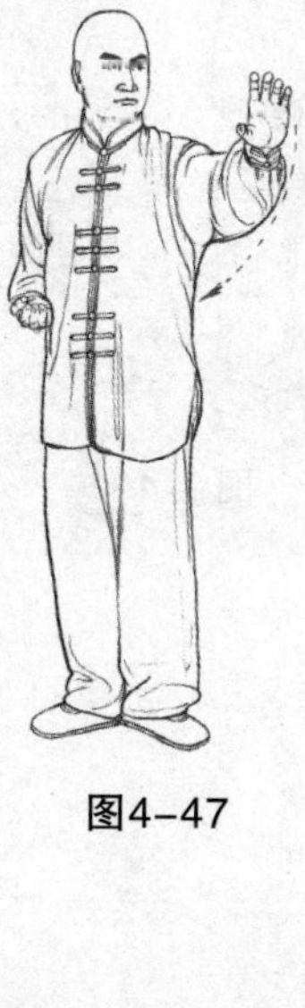

图4-47

图4-48

（二）右势

右势与上述左势方向相反。

（三）左侧势

1. 左拳变掌，向左侧伸出，高与肩平，掌心向上。目视左掌。（图4–49）

图4–49

2. 左掌内旋，屈指成爪，爪心向前，腕高与肩平。（图4-50）

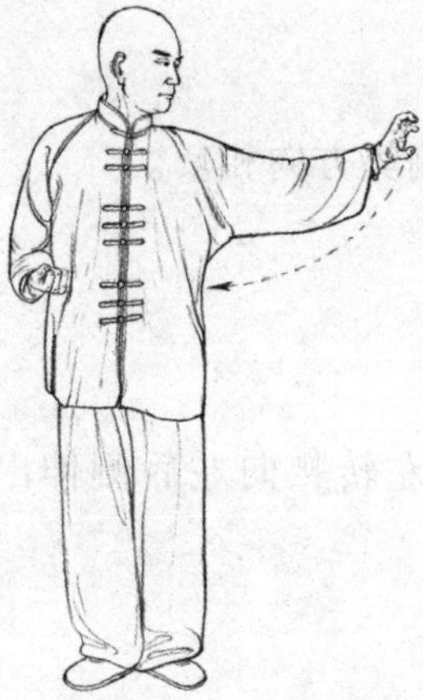

图4-50

3. 左爪扣指握拳，收拉回抱腰间，拳心向上；头转正。目视前方。（图4-51）

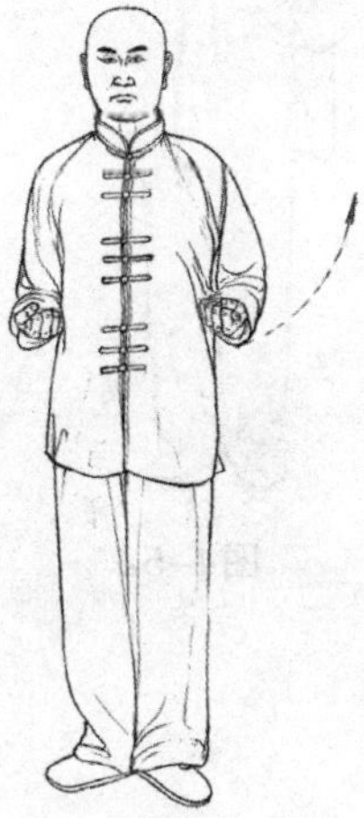

图4-51

（四）右侧势

右侧势与上述左侧势方向相反。

（五）左后势

1. 左拳变掌，随左转腰向左后侧伸出，掌心向上。目视左掌。（图4-52）

图4-52

2. 左掌旋转，屈指成爪，爪心向前。（图4–53）

图4–53

3. 继而扣指旋转成拳，拳心向上，拉回抱于腰间；头颈转正，面向正前。（图4–54）

图4–54

（六）右后势

右后势动作与上述左后势方向相反。

四、划圆

【练法】

（一）左侧势

1. 承接上势，左拳变掌，斜向左肩前伸出，至与肩平，掌心向上。（图4–55）

图4–55

2. 左掌向下划弧至左大腿外侧，指尖向下，掌心向前。（图4-56）

图4-56

3. 左掌向左后伸臂划弧，至与肩平时转成掌心向上，指尖向后。（图4-57）

图4-57

4. 动作不停，左掌继续向上划弧，伸臂过顶，举于左肩正上，指尖向上，掌心斜向右前。仰面，目视左掌。（图4–58）

图4–58

5. 左掌由上继续向左前下划弧，缓缓划下至左膝前；此时上体前俯，约与地面平行，左掌指尖向下，掌背向前。目视左掌。（图4–59）

图4–59

（二）左前势

1. 承接上势，左掌由左膝前方向右，经右膝划向右侧前方，掌背向右，上体右倾。（图4-60）

2. 左掌继续向右上划弧，经头顶至左肩上方，左臂伸直，指尖向上，掌心向前；上体亦随之伸立转正。（图4-61）

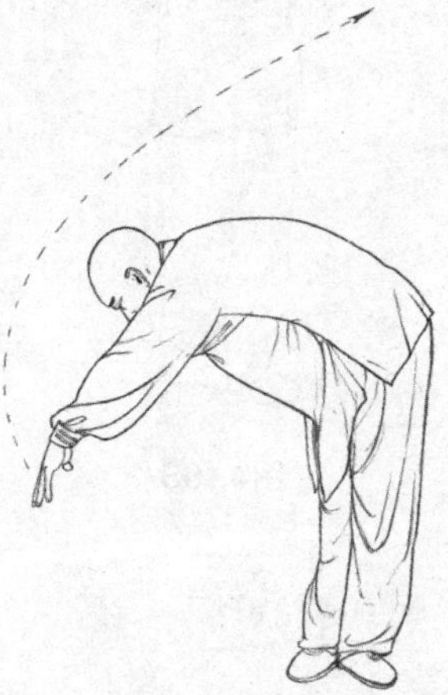

图4-60

图4-61

3. 左掌左转，掌心向左，随之向左下划，至平肩时掌心向下。目视左掌。（图4-62）

4. 左掌不停，继续下划，下降左腰侧握拳收抱，拳心向上；头颈转正。目视前方。（图4-63）

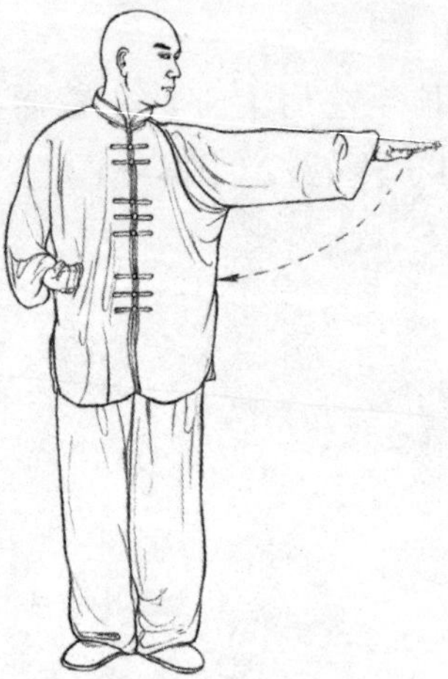

图4-62

图4-63

（三）右侧势

练法请参上势，唯方向不同。

（四）右前势

练法请参上势。

五、开合俯仰

【练法】

1. 承接上势，两拳变掌，相叠腹前，掌心向上，右掌托左掌。（图4-64）

2. 两掌翻转，左掌压右掌，掌心向下，缓缓下降；两腿随之下沉，屈膝半蹲。目视两掌。（图4-65）

图4-64

图4-65

3. 两掌翻转，右掌托左掌，掌心向上。（图4–66）

图4–66

4. 随之，两掌左右分向胯外，指尖向下，掌背向外。（图4–67）

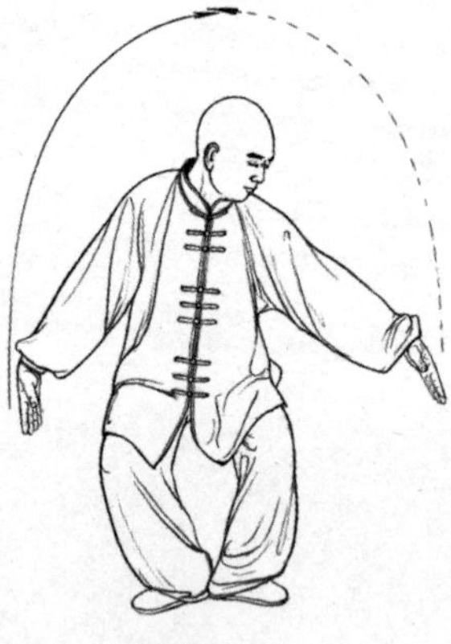

图4–67

5. 两掌不停，继续向外、向上划弧；两膝伸直，两掌至头顶正上相合，十指交叉，掌心向下。仰面，目视两掌。（图4-68）

6. 两手下降喉前。目视前方。（图4-69）

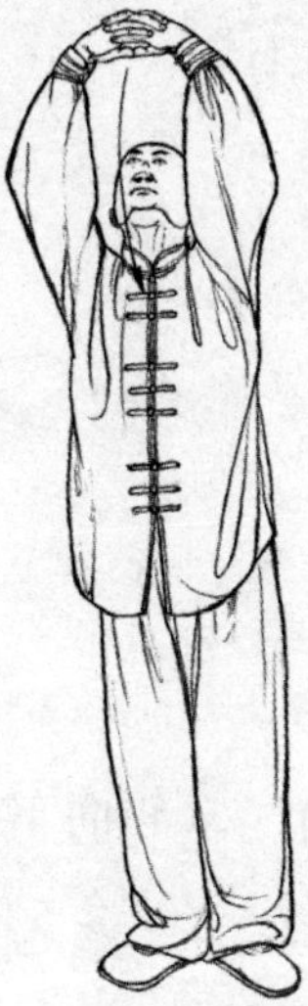

图4-68

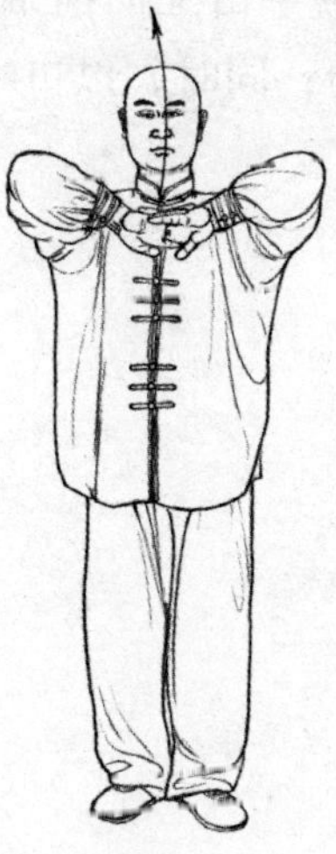

图4-69

7. 两掌翻转，伸臂向顶上托举，掌心向上，并尽力后扳；此时上身随之后仰；同时，以鼻吸气。（图4-70）

图4-70

8. 两掌由上向前下收，按掌至心窝前，掌心向下；上体略向前倾俯；同时，以口呼“吹”。（图4-71）

图4-71

9. 动作不停，两掌继续下按至脚面，两腿、两臂均伸直；此时，气刚好“吹”完。（图4-72）

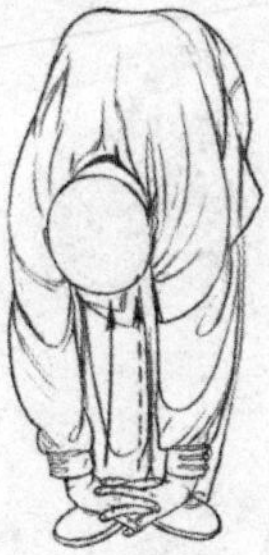

图4-72

10. 两掌分开翻转，掌心向上，缓缓托至胸前，指尖相对；同时，身体缓缓起立。（图4-73）

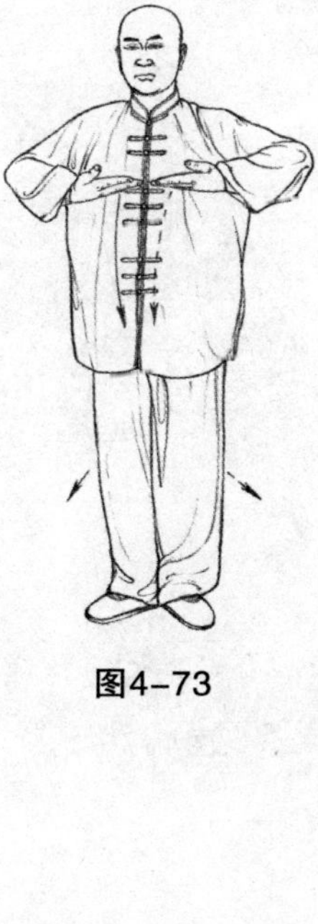

图4-73

11. 两掌缓缓下落小腹之前；同时，两腿屈膝半蹲。目视两掌。（图4–74）

图4–74

12. 两掌内翻，虎口相叉，右掌心按于左掌背，左掌心按于腹前；两脚跟相并，身体直立。（图4–75）

图4–75

按上述动作，练习数遍。

13. 最后，放下两掌，垂于体侧。本功收势，调匀呼吸。（图4-76）

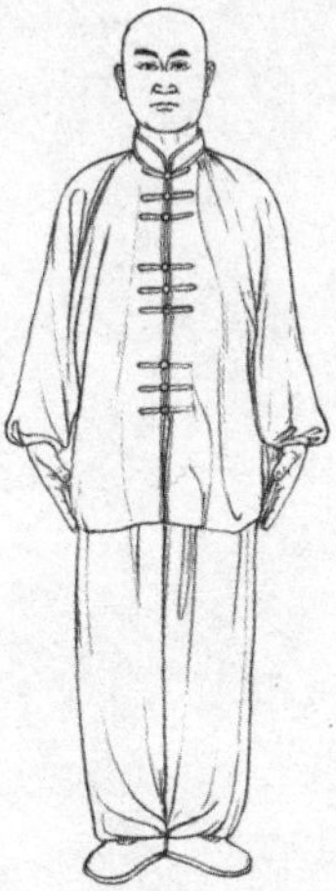

图4-76

第三节　定步功第二段

此功在定步功第一段的基础上，加大了一定的呼吸度，增强了一定的运动量，可进一步提高“疏通经络、活泼气血”的强健作用。

一、预备

图4-77

【练法】

两脚左右分开，与肩同宽，两脚尖微向内扣，两膝微屈；两手握拳，分置腹侧；全身放松，呼吸自然，静立片刻，提起精神。（图4-77）

二、单抓

图4-78

【练法】

1. 右拳不动；左拳变掌向左前上伸推而出，虎口向上张开，四指向前，高与肩平。（图4-78）

2. 随后，屈指成爪，直腕，爪心向里。（图4–79）

图4–79

3. 左爪拉至左腰侧，爪心向上。（图4–80）

图4–80

4. 然后，练习右手。（图4-81～图4-83）

图4-81

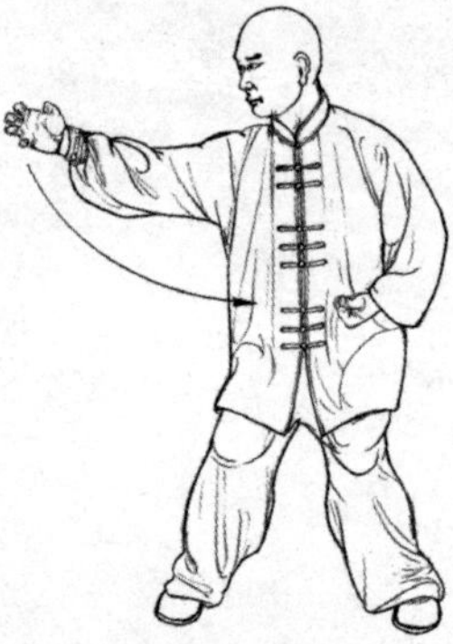

图4-82

图4-83

5. 两爪变拳，缓缓上提胸前，拳面相对，拳心向下。（图4–84）

图4–84

6. 两拳缓缓下降腹前。（图4–85）

按上述动作，左、右势各做数遍。

图4–85

三、双抓

【练法】

1. 承接上势，两拳变掌向前上伸推而出，虎口张开向上，四指向前，高与肩平。（图4-86）

2. 随后，两掌屈指成爪，爪心相对。（图4-87）

图4-86

图4-87

3. 两爪收于腹侧，爪心向上。（图4–88）

4. 两爪握拳，上提至胸前，拳面相对，拳心向下。（图4–89）

图4–88

图4–89

5. 两拳缓缓下降腹前。（图4–90）

按上述动作，练习数遍。

图4–90

四、甩抛

【练法】

1. 承接上势，两拳变掌，掌心向上，随左转腰向左侧轻灵甩抛，左高右低，左掌在前，右掌在后。（图4–91）

2. 随后，两掌翻转，屈指成爪，爪心向下。（图4–92）

3. 两爪握拳，收拉腹前，拳面相对。（图4–93）

图4–91

图4–92

图4–93

4. 然后，练习甩抛右势。（图4-94 ~ 图4-96）

图4-94

图4-95

图4-96

5. 两拳上提胸前，拳面相对，拳心向下。（图4–97）

图4–97

6. 两拳缓缓下降腹前。（图4–98）

按上述动作，左、右势各练数遍。

图4–98

五、侧拉

【练法】

1. 承接上势，两拳变掌，上提至胸前交叉，左掌在里，右掌在外。（图4-99）

2. 两掌向前伸出、向两侧展开，至与肩平，掌心向上，指尖向外。（图4-100）

图4-99

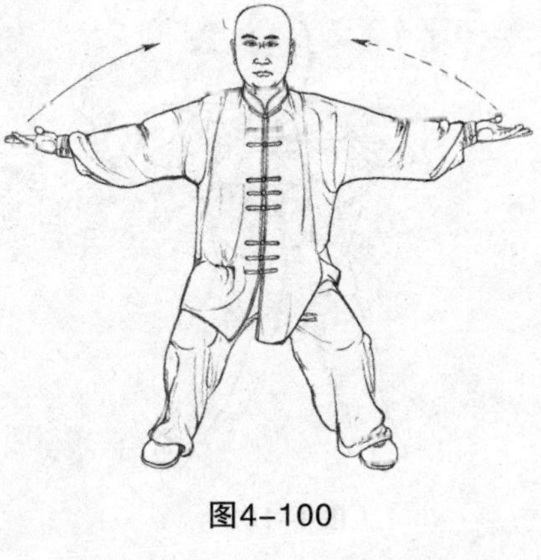

图4-100

3. 随后，两掌变爪，一齐内收至两肩正上，爪心向上，虎口向里。（图4-101）

图4-101

上述动作，连续练习数遍。

4. 然后，两爪变掌，按至胸前，指尖相对，掌心向下。（图4-102）

5. 两掌下按腹前。（图4-103）

以上两动，练习数次。

图4-102

图4-103

六、双顶

【练法】

1. 承接上势，两掌向两侧划一半弧，提至耳后，指尖相对。（图4-104）

2. 上动不停，伸臂向上推掌；两腿随之伸膝直立。仰面，目视两掌。（图4-105）

图4-104

图4-105

3. 随即，两掌变爪，屈肘下落两肩上方，爪心向上；同时，身体下沉，屈膝半蹲。目视前方。（图4–106）

4. 两爪抓拉成拳，下收腹侧。（图4–107）

图4–106

图4–107

5. 然后，两拳变掌，提至胸前，指尖相对，掌心向下。（图4–108）

图4–108

6. 两掌下按腹前。（图4–109）

上述各动，连续反复练习。

图4–109

7. 立身并步，两掌抱于腹前；静立片刻，调匀呼吸。（图4–110）

8. 放下两掌，垂于体侧。全身放松，全功收势。（图4–111）

图4–110

图4–111

第五章

秘传韦陀硬劲功

韦陀硬劲功，主练“硬劲”，寓意“刚硬”，以“硬”为要。

本功乃韦陀门秘传，练法独特，系统全面，主要练习拳、脚等部位的硬度、强度与力量，进一步求得“大力”，提高技击的发力与抗打能力。

顾名思义，硬劲功主“硬”，但本功又非单纯的“打硬之功”，而是结合“气功”，以成“硬劲”。即先练呼吸，借助心法，发挥意诀，以气为基，以内为本，这样既可使硬功进展神速，还可避免因操练硬功而造成内伤。然后使“气与力合，力与气合”，由内及外，以外为强，以硬为用，发力可杀伤敌方，防可抗敌击打。

练习硬劲功，千万不可一上手就急练、强练、胡练，要按法慎行，集中精神，配合呼吸，循序渐进。

一、铁头功

【练法】

（一）凝神静力

两脚大开步直立，间距超肩；双掌合十于胸前；舌抵上腭，全身松静，调息数分钟。（图5-1）

图5-1

（二）顶天立地

1. 两腿屈膝下蹲，成马步；两手抱拳腰间，拳心向上。双目瞪视。（图5-2）

图5-2

2. 双拳变掌，缓缓向头顶上方翻转托举，掌心向上，指尖相对，两肘稍屈；双目上瞪。上托时，劲贯双掌，意想如负重物。（图5-3）

3. 双掌变拳，用内劲下拉，拳心相对，拳面向上，置于两肩前上；同时，两腿慢慢挺起。（图5-4）

如此反复练习。

图5-3

图5-4

（三）铁牛拱地

1. 两脚分开，略比肩宽，脚尖着地；头顶撑地，臀部撅起；右手握拳，左手抓握右腕，置于腰后。劲贯头顶，意想头拱入地，循序渐进，坚持为功。（图5-5）

图5-5

2. 收功时，双腿站立；两掌重叠，罩住头顶，掌心向下，轻轻揉摩；意守头顶。（图5-6）

3. 双掌抱于脐上，左手在内，右手在外，调息数分钟。（图5-7）

图5-6

图5-7

（四）狮子摇头

1. 两脚分开，比肩稍宽；双掌垂于体侧；自然呼吸。（图5-8）

2. 双掌上提，交叉相握，约与鼻同高。（图5-9）

图5-8

图5-9

3. 弯腰低头，牙关咬紧，用内劲缓缓转头，向左，向右，形如狮子左右摇头。（图5-10）

图5-10

图5-10附图

4. 将头转正，直身站立。如此反复练习。

（五）顶墙滚头

1. 头顶墙壁；两脚分开站立，双手握拳置于肩前。（图5-11）

图5-11

2. 贯劲头顶，用内劲前抵，意想头抵墙穿；双拳顺势变掌，下压配合。（图5-12）

图5-12

如此反复练习。

3. 双手置于背后，右手握拳，左手抓握右腕；头顶前抵，轻柔滚动；意守头顶。（图5-13）

图5-13

（六）油锤贯顶

1. 左弓步，十趾抓地，如树生根；头略低；两手握拳左右拉开，左手在前，右手在后。（图5-14）

图5-14

2. 右拳从下往上弧形拍击头顶（拳将击头顶时突然变掌）；同时快速呼气，咬紧牙关；左拳后摆。（图5-15）

图5-15

3. 换成右弓步，左掌拍击。用力要由轻到重，左右交替进行。

4. 功夫渐增，则改用木板、木棍、红砖等硬物贯劲击打。（图5-16）

图5-16

二、铁掌功

【练法】

（一）调气法

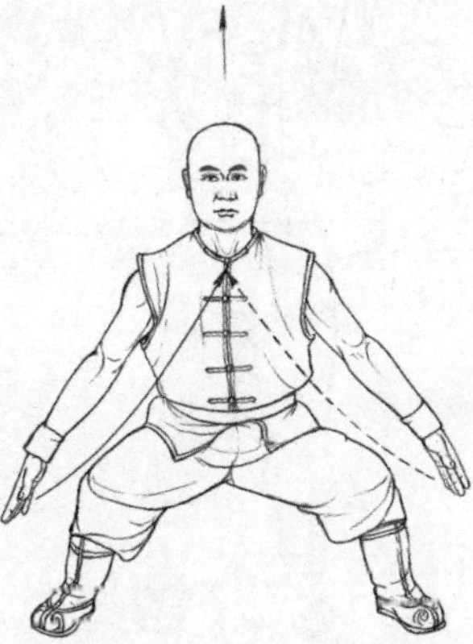

图5-17

1. 两脚大幅分开，两膝半蹲成马步；两掌垂于体侧；集中精神。站桩片刻。（图5-17）

图5-18

2. 两掌抬起，合十于胸前；两腿立起；同时，缓缓吸气。（图5-18）

图5-19

3. 两掌上举，指尖向上，掌背向前；脚跟抬起；同时，缓缓呼气。双目上视。（图5-19）

4. 缓缓吸气；两掌下按腹前；脚跟着地。（图5-20）

图5-20

如此连续，反复练习。

5. 收功：两掌重叠，掌心向内，左掌心贴按右掌背，右掌心贴按小腹；意想气贯丹田。（图5-21）

图5-21

（二）操掌法

用帆布做一方形袋，其长、宽以适宜操打为度，内贮约10公斤铁砂。（图5-22）

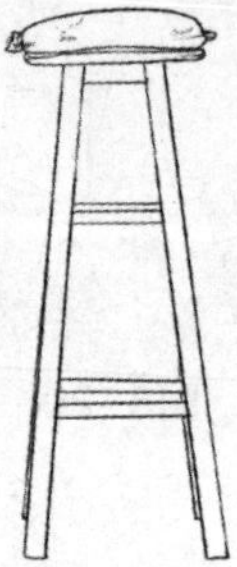

图5-22

1. 拍掌

（1）面向沙袋，两脚大幅分开，两腿微屈成马步；两掌平抬于胸前，指尖相对，掌心向下；集中精神，贯劲备打。（图5-23）

图5-23

（2）右掌上提，左掌下落；同时，吸气蓄劲。（图5–24）

（3）随即快速呼气，右掌猛力用掌面拍击沙袋；左掌顺势上提助劲。（图5–25）

（4）换左掌拍击，练法同上。（图5–26）

左、右掌反复练习。

图5–24

图5–25

图5–26

2. 甩掌

（1）右掌扬起，掌心向下。（图5–27）

（2）右掌随即向下翻转发力，猛劲用掌背甩击沙袋。（图5–28）

图5–27

图5–28

（3）换左掌甩击。（图5–29）

其他要领请参拍掌练法，不再一一详述，下同。

图5–29

3. 劈掌

（1）右掌向上挥起，掌心向内。（图5–30）

（2）右掌随即猛力向下，用掌棱砍击沙袋。（图5–31）

（3）换左掌砍击。（图5–32）

图5–30

图5–31

图5–32

4. 合掌收功

两脚开立，略宽于肩；合掌当胸；全身放松，调气收功。（图5–33）

图5–33

三、铁拳功

【练法】

（一）马步冲拳

1. 两腿屈膝半蹲，成马步；两拳抱于腰间；蓄势待发。（图5–34）

图5–34

2. 右拳向前快速用力冲出，拳心向下，拳面向前。冲拳时呼气，要快速顺劲。（图5-35）

图5-35

3. 左拳向前快速用力冲击；右拳收回。（图5-36）

左、右拳反复冲击练习。

图5-36

（二）铁牛耕地

1. 双手握拳，拳面撑地，与肩同宽，两臂伸直；两脚伸直并拢，两脚尖着地；腰身伸直悬空，身体俯卧。（图5-37）

2. 双臂弯曲，身体下探，全身贴近地面。（图5-38）

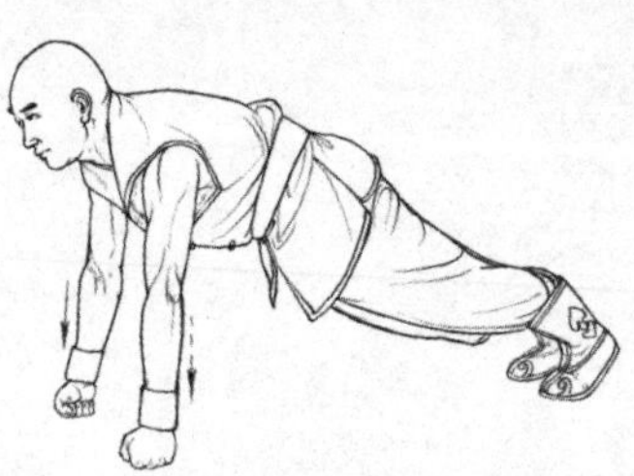

图5-37

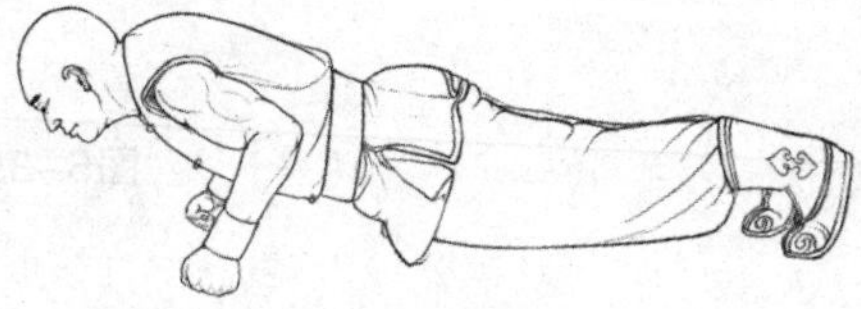

图5-38

3. 随即，双拳用暗劲将身体撑起，还原。（图5-37）

4. 一拳撑地，一拳前移，两脚配合，向前趴游，疲累即止。（图5-39、图5-40）

图5-39

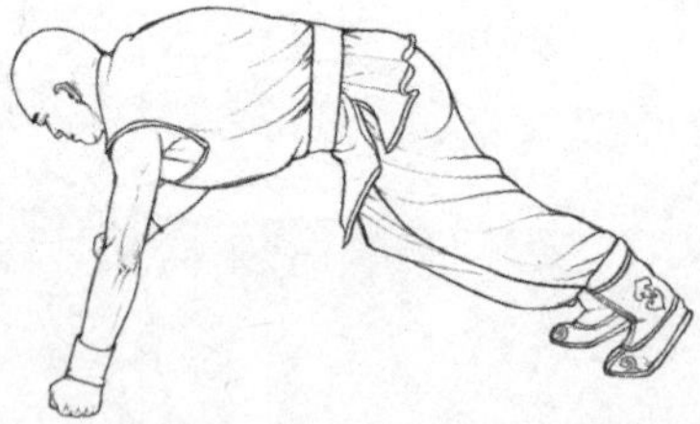

图5-40

（三）罗汉卧床

1. 右拳面撑地，右臂伸直；两腿伸直，两脚靠拢，身体侧卧。（图5-41）

图5-41

2. 右臂屈肘，身体下降，使右胸靠近地面。（图5-42）

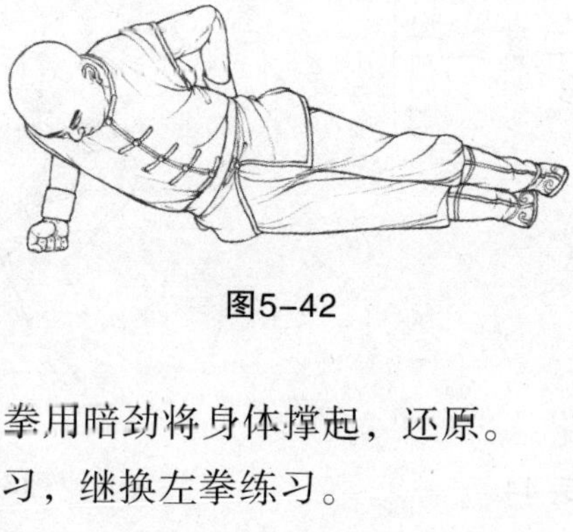

图5-42

3. 随即，双拳用暗劲将身体撑起，还原。

如此反复练习，继换左拳练习。

（四）打千层纸

1. 在墙上挂置5～10厘米厚的书本或报纸，对墙正马而立；两拳抱于腰间，拳心向上。（图5-43）

图5-43

2. 右拳快速以拳面冲击“千层纸”。（图5-44）

3. 右拳收回，左拳冲击。（图5-45）

由轻到重，反复练习。

图5-44

图5-45

（五）击打沙袋

1. 面对沙袋，马步站立；两拳抱腰，拳心向上。（图5-46）

图5-46

图5-47

2. 右拳快速用力击打沙袋。（图5-47）

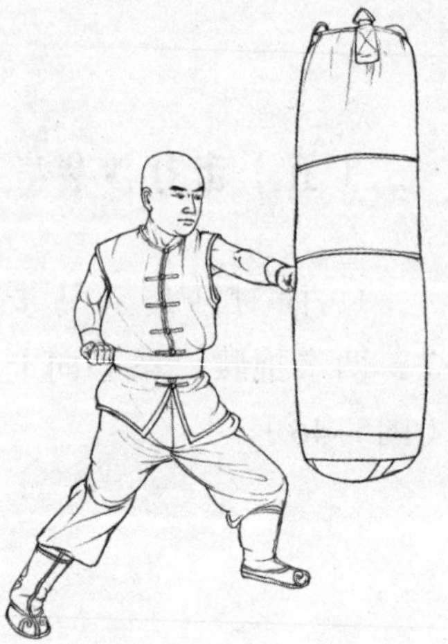

3. 左拳击袋。（图5–48）

反复练习，逐渐加重沙袋。

图5–48

（六）击打石锁

把一个石锁放在齐腰的桌面或平台上，向前频频击之。（图5–49）

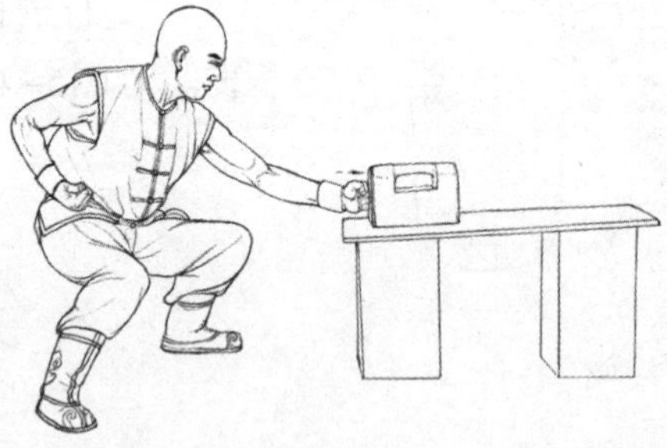

图5–49

（七）击打墙壁

双拳硬劲大有进步后，再改击墙壁。由轻到重，由慢到快，以防受伤。（图5-50、图5-51）

图5-50

图5-51

四、铁臂功

（一）铁臂担柴

1. 两脚大幅分开，宽度超肩；两拳左右伸开，约与肩平，两肘微屈，拳心向上，拳面向外。（图5-52）

图5-52

2. 双拳犹如拉提重物，缓缓屈臂收至两耳旁，拳面向里，肘尖向外。（图5–53）

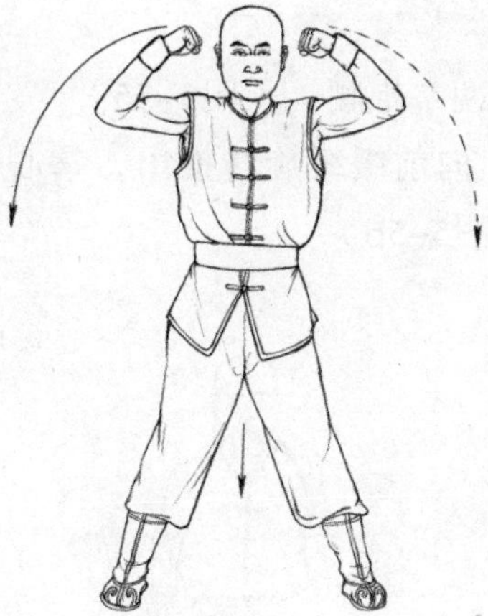

图5–53

3. 猛劲向左右两侧劈拳，约与肩平，两肘微屈，拳心向上；同时，双膝屈曲成四平马步。（图5–54）

如此一缩一伸，反复练习。

图5–54

（二）双臂拉环

1. 马步站立；两拳抱腰。（图5–55）

2. 两拳贯劲，向前缓缓旋转推出，拳心向下，拳面向前，直至双臂伸直。（图5–56）

图5–55

图5–56

3. 两拳外旋，缓慢拉至肩前，拳心向内，拳面向上，两肘弯曲，肘尖向下。（图5-57）

图5-57

4. 两肘外展，双臂平肩，拳心向下，拳面相对；两腿立起。（图5-58）

如此反复练习。

图5-58

（三）马步推砖

1. 马步蹲立；两手各持砖两块，双臂略平，手心向上。（图5-59）

图5-59

2. 右手猛力向前旋转冲出，右臂伸直平肩。（图5-60）

3. 然后，拧拉收回腰际；左手推砖冲出。（图5-61）

按上述动作，反复练习。

图5-60

图5-61

（四）臂击木桩

1. 马步蹲立，对着木桩或树干；双臂下垂，蓄劲待发。（图5-62）

2. 贯劲右前臂，向前下扫击木桩。初练时可在木桩上面缚以布条或胶皮等物，以免太硬伤臂。（图5-63）

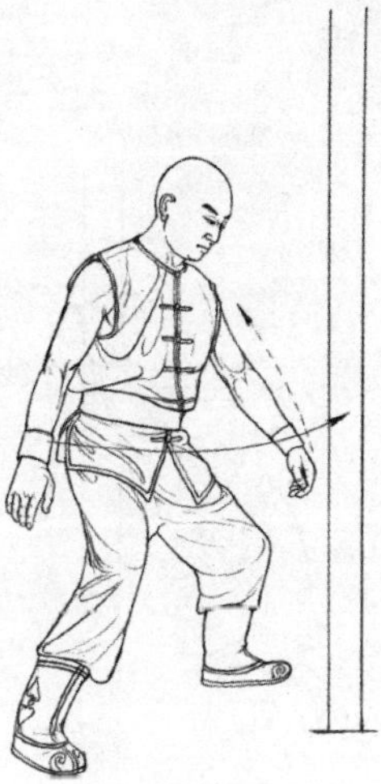

图5-62

图5-63

3. 右前臂后收。（图5–64）

4. 继用右前臂贯劲，向前上扫击木桩。（图5–65）

图5–64

图5–65

五、铁指功

（一）罗汉卧地

1. 全身俯卧，用双手十指指尖及双脚脚尖撑地，身体悬空，趴地不动，坚持为功。（图5-66）

2. 练习日久，双手可只用拇指、食指、中指撑地而俯。（图5-67）

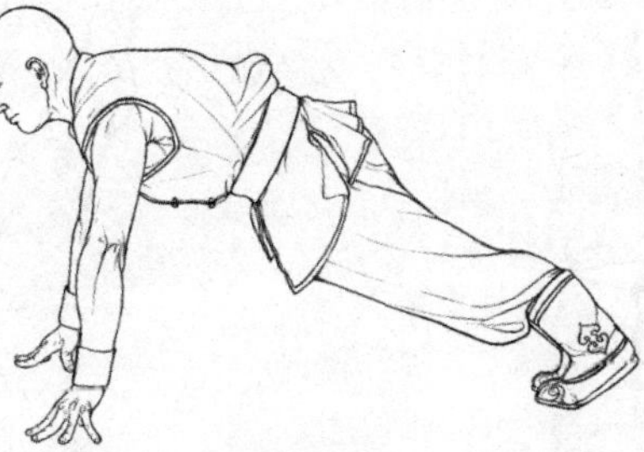

图5 66

图5-67

（二）金刚倒坠

1. 身体倒立，以十指撑地，双脚靠墙，头与身躯略成一线。（图5-68）

2. 练习日久，双手可只用拇指、食指、中指撑地而立。（图5-69）

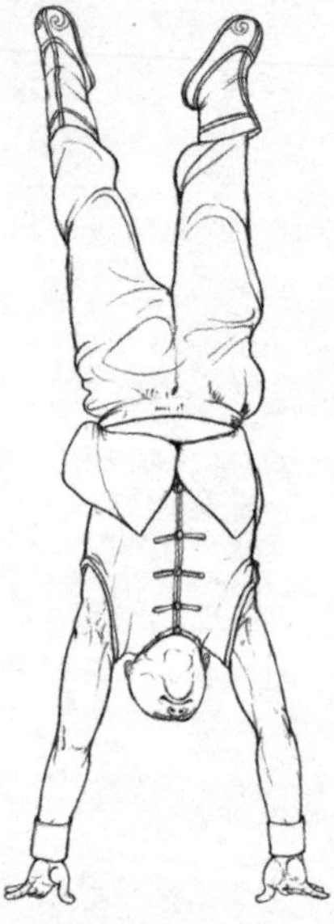

图5-68

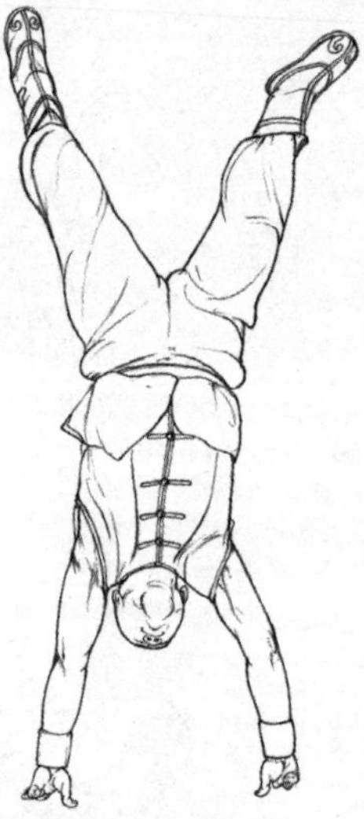

图5-69

（三）拧千斤棒

备圆木棒一根，中间系一绳，绳下系一坛，重量自定。

1. 两脚大幅分开；两手抓握木棒两端。（图5-70）

2. 两手连续盘拧，使绳缠绕木棒。（图5-71）

3. 两掌反向盘拧，使绳松下还原。

如此反复练习。

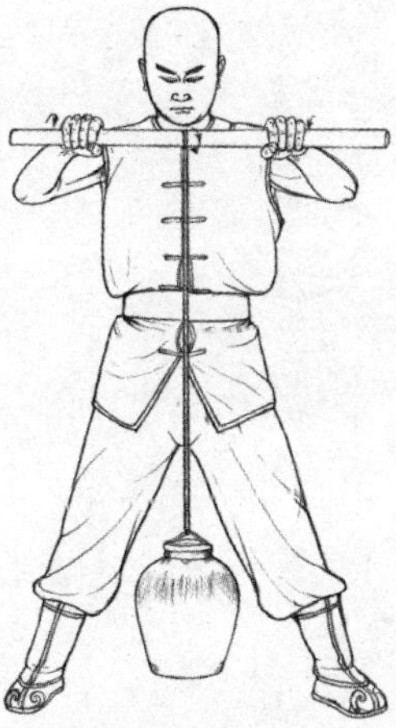

图5-70

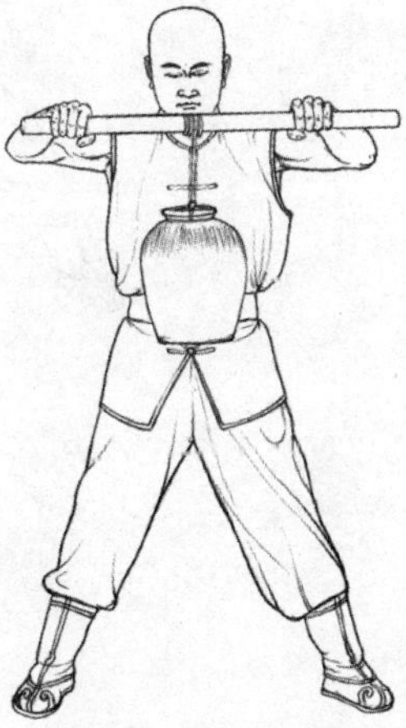

图5-71

（四）戳指功

1. 插绿豆

（1）以桶或盆盛满绿豆，马步站立于前；两掌提于腰际，掌心向上。（图5-72）

（2）右指尖用力插入。（图5-73）

图5-72

图5-73

（3）左指尖用力插入。（图5-74）

图5-74

如此反复练习。

2. 插铁砂

插绿豆练习有功后，即可练习插铁砂，指法同上。

练插铁砂难度最大，也容易使指尖肿痛，破裂出血，因此要注意力度，以免受伤。

六、铁腿功

（一）马步站桩

图5-75

1. 双腿屈膝半蹲，成马步；双掌平伸肩前，掌心向下；上虚下实，意守丹田，呼吸缓慢，息息归根，坚持为功。（图5-75）

（二）立地生根

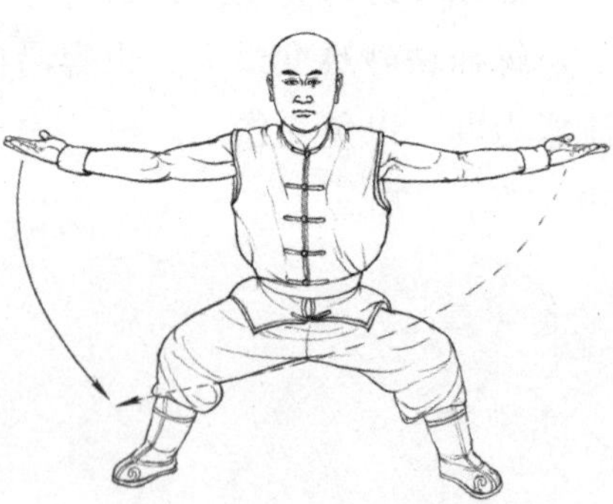
图5-76

1. 两掌左右平展伸直，掌心向上。（图5-76）

2. 身体向右转成弓步，弯腰俯身；两手成抓握状，用内劲抓握上提。（图5-77）

图5-77

3. 双爪提至膝前。（图5-78）

4. 双爪用内劲向下推按，直至推按触地。初练者不要勉强。（图5-79）

如此反复练习。

5. 换成左弓步练习。

图5-78

图5-79

（三）双龙埋头

1. 双腿屈膝下蹲，成低马步；双拳握紧，拳面相对，拳心向下，置于腹前；意守丹田。（图5-80）

2. 双膝慢慢上起；双拳贯劲，似提重物，举过头顶，拳心向前，拳面向上。（图5-81）

图5-80

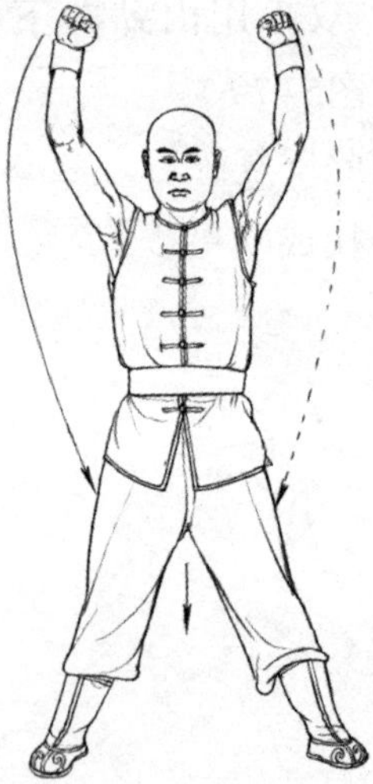

图5-81

3. 身体快速下蹲，成低马步；双拳由上下落，击打膝盖或大腿内外侧。（图5-82、图5-83）

再举再打，反复练习，由轻至重。

图5-82

图5-83

（四）膝部撞打

1. 铁膝撞地

（1）成左弓步，面向松土或沙坑站立，也可在地面置沙袋一个；双手握拳体侧，拳眼相对。（图5-84）

图5-84

（2）右腿屈膝，膝盖蓄劲。（图5-85）

（3）重心下降，用膝盖贯劲跪击。（图5-86）

（4）换左膝练习。

图5-85

图5-86

2. 铁膝撞袋

（1）沙袋吊起，左侧身对立。（图5-87）

（2）右膝贯劲，横摆而起，猛撞沙袋。此为摆撞膝。（图5-88）

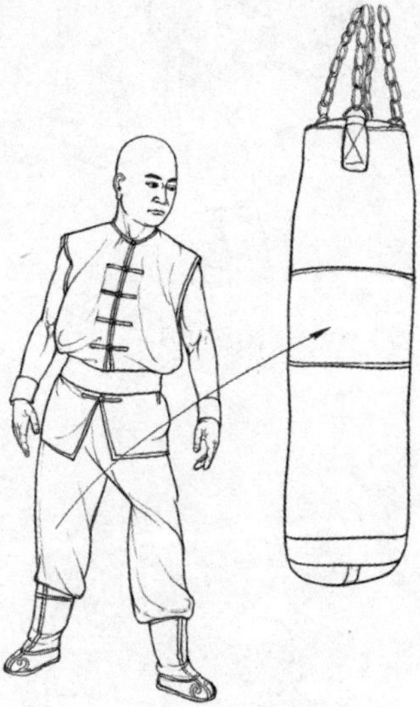

图5-87

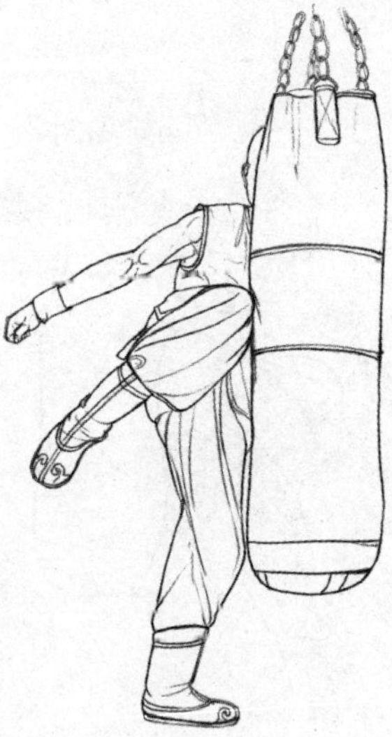

图5-88

（3）提撞膝。（图5-89）

（4）抱撞膝。（图5-90）

（5）冲撞膝。（图5-91）

（6）换左膝练习。

图5-89

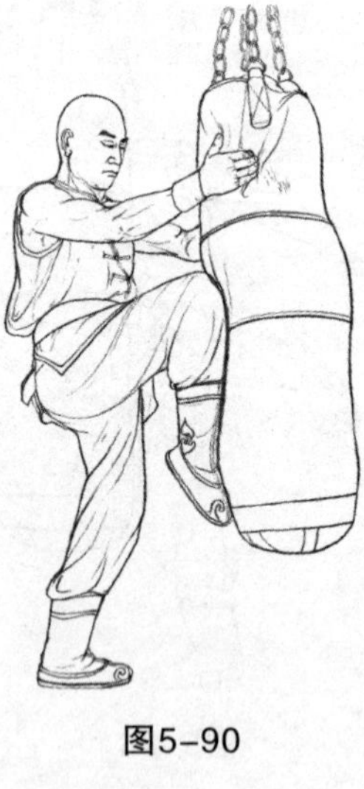

图5-90

图5-91

（五）铁腿踢打

1. 沙袋吊起，左侧身对立。（图5-92）

2. 右腿贯劲，用力蹬出。此为正蹬腿。（图5-93）

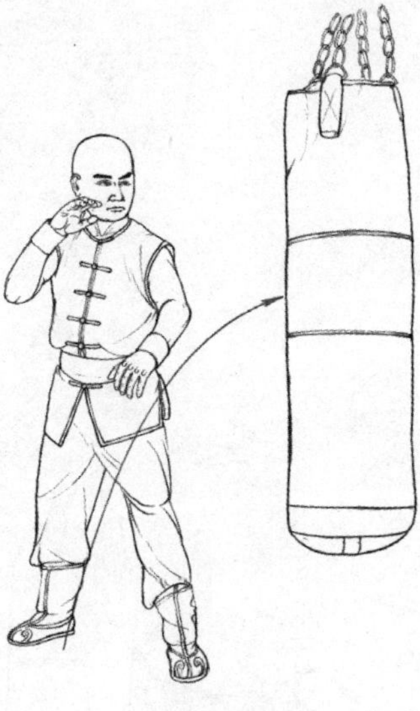

图5-92

图5-93

3. 侧蹬腿。（图5–94）

4. 侧踹腿。（图5–95）

图5–94

图5–95

5. 前弹腿。（图5–96）

6. 后蹬腿。（图5–97）

图5–96

图5–97

7. 侧弹腿。（图5-98）

8. 横撩腿。（图5-99）

9. 换左腿依上法练习。

图5-98

图5-99

（六）铁腿排打

手持竹把或木棍等硬物，反复排打腿部，由轻至重，由慢到快。此功练成，腿部刚强，贯劲一发，硬如铁棍，可使我方在格斗时取得硬功优势，使对方疼痛难忍，丧失抵抗力。（图5-100～图5-102）

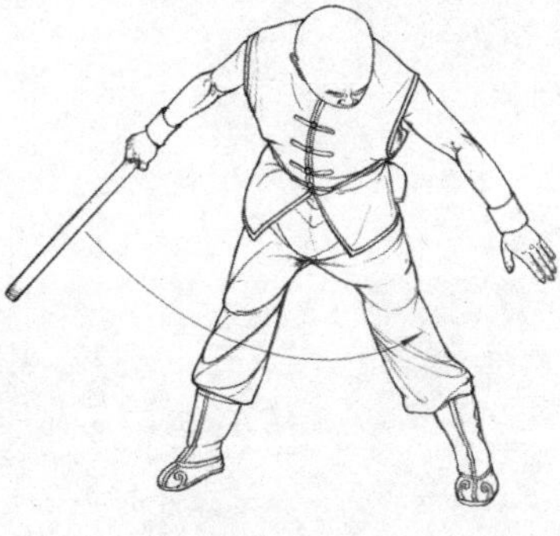

图5-100

图5-101

图5-102